MIKE SHIPMAN

Q3

MISSÕES:
Qualquer pessoa
Qualquer lugar
Qualquer hora

1ª edição
Tradução: João Ricardo Morais

Curitiba/PR
2017

Mike Shipman
Q-3

Missões: Qualquer pessoa, Qualquer lugar, Qualquer hora

Coordenação editorial: Cláudio Beckert Jr.

Título original: Any-3: Anyone, Anywhere, Anytime

Tradução: João Ricardo Morais

Revisão: David Lane Williams e Josiane Zanon Moreschi

Edição: Sandro Bier

Capa: Sandro Bier

Editoração eletrônica: Josiane Zanon Moreschi

Any-3: Anyone, Anywhere, Any Time
Copyright © 2011 by WigTake Resources
All rights reserved. No part of this publication may be reproduced in any form without the prior written permission of the author, except in the case of brief quotations for review or critical articles.

Dados Internacionais de Catalogação na Publicação (CIP)

Shipman, Mike
  Q-3 – Missões: qualquer pessoa, qualquer lugar,   qualquer hora / Mike Shipman; Tradução de João Ricardo Morais. – Curitiba, PR : Editora Esperança, 2017.

  Título original: Any-3: anyone, anywhere, anytime
  ISBN 978-85-7839-180-5

  1. Evangelismo – Metodologia Q-3 I. Título II. Morais, João Ricardo

---

- As citações bíblicas foram extraídas da *Bíblia* edição Revista e Atualizada da tradução de João Ferreira de Almeida.

- As citações do Alcorão foram extraídas de *Os significados dos versículos do Alcorão Sagrado* (trad. Prof. Samir El Hayek). São Paulo: 1989.

Todos os direitos reservados.
É proibida a reprodução total e parcial sem permissão escrita dos editores.

Editora Evangélica Esperança
Rua Aviador Vicente Wolski, 353 - CEP 82510-420 - Curitiba - PR
Fone: (41) 3022-3390
comercial@editoraesperanca.com.br - www.editoraesperanca.com.br

Sumário

Agradecimentos...7

Prefácio de David Garrison..9

Prefácio da MEAB..11

PARTE 1 — O avanço do Q-3..13

Capítulo 1 — Deus está agindo no mundo muçulmano..................15

Capítulo 2 — Uma jornada de cinco estágios................................21

Capítulo 3 — Testemunhando bem..25

Capítulo 4 — Testemunhando bem aos muçulmanos......................33

PARTE 2 — Pontes e tentações..39

Capítulo 5 — Fazendo a ponte para uma conversa sobre Deus......41

Capítulo 6 — Contando a história do Evangelho............................45

Capítulo 7 — Percepções do Q-3...51

Capítulo 8 — As tentações que acabam com a eficácia..................59

PARTE 3 — Chaves para o sucesso do Q-3...71

Capítulo 9 — Motivações..73

Capítulo 10 — A mensagem..79

Capítulo 11 — O mensageiro...83

Capítulo 12 — Comunicando a mensagem...91

PARTE 4 — Q-3 para todos...103

Capítulo 13 — A oficina sobre o Q-3...105

Capítulo 14 — Acompanhamento para um Movimento de
Plantação de Igrejas..117

Capítulo 15 — Lançamento!..129

APÊNDICES...137

Apêndice A — Histórias de sacrifício no Antigo Testamento.............139

Apêndice B — Ilustrações para o Q-3...143

Agradecimentos

Palavras não podem expressar a glória da dádiva do Evangelho. Considero este livro um tributo ao doador da dádiva, Jesus Cristo. Se este livro obtiver sucesso em capacitar e motivar seus servos a proclamarem o Evangelho a outras pessoas, então o Senhor Jesus merece todo o crédito por ter iniciado e guiado o livro Q-3.

Os mais sinceros agradecimentos a minha querida esposa e aos nossos três filhos. Seus sacrifícios e contribuições para este livro são inúmeros. Seu apoio foi inabalável e suas percepções, inestimáveis.

Muitas pessoas influenciaram a abordagem Q-3. No início do meu ministério, o Dr. C. Sumner Wemp modelou esse tipo de evangelismo em restaurantes, aviões e em todos os lugares onde ele encontrava pessoas perdidas. Durante 27 anos de ministério cristão, inúmeros mentores e colegas contribuíram pela forma como vivenciaram a Grande Comissão. As lições que aprendi com seus ministérios guiaram a maneira pela qual vejo o evangelismo, resultando na metodologia Q-3.

Meus colegas na seara merecem reconhecimento. Durante os últimos 14 anos, trabalhei ao lado de homens e mulheres inspiradores que dedicaram suas vidas a trazer multidões à fé salvadora. Estou constantemente aprendendo com suas experiências, enquanto compartilham o Evangelho e treinam outras pessoas para evangelizar. Sou profundamente grato aos muitos colegas ao redor do mundo que leram o manuscrito em sua forma inicial e ofereceram valiosas sugestões, ideias e correções. Tentei dar crédito neste livro, quando as ideias expressas eram originárias de outras pessoas. Infelizmente, muitas vezes foi melhor não mencionar nomes por motivos de segurança, mas citá-las apenas como colegas.

Devo um agradecimento especial a vários supervisores e colegas, que abriram portas para o Q-3. Se eles não tivessem acreditado no Q-3, ele nunca teria sido amplamente divulgado. Todd L. e Brad R. me deram a oportunidade de apresentar o Q-3 para uma plateia proveniente de várias regiões. Mark S. apresentou-o a outras pessoas e deu uma contribuição valiosa à medida que o Q-3 se desenvolvia. Steve Smith, Neill Mims e Keith M. me deram muitas oportunidades para treinar obreiros cristãos em vários contextos. David Garrison considerou o Q-3 digno de ser publicado, realizou a difícil tarefa de editá-lo e tornou possível este livro.

Meu maior agradecimento pertence a meus heróis. Eles são os homens e as mulheres de várias nacionalidades que diariamente aplicam o Q-3. Eles alegremente enfrentam zombarias e ameaças, a fim de tornar o sacrifício e a ressurreição do Salvador conhecidos. Que seu exemplo nos motive a proclamar o Evangelho com qualquer um, em qualquer lugar e a qualquer hora.

Mike Shipman

Prefácio de David Garrison

Deus está trabalhando no mundo muçulmano em nossos dias!

Quando comecei a trabalhar com esse povo, a mais de 30 anos atrás, era muito raro ouvir tal afirmação. Respostas em favor do Evangelho eram poucas e relatos de conversão eram raríssimos.

Entretanto, desde 2005 as coisas têm mudado. Recentemente estive viajando pelo mundo islâmico, conhecendo movimentos nos quais milhares de muçulmanos estão dizendo 'Sim' para Jesus Cristo. Da África Ocidental até a Indonésia encontrei Movimentos de Muçulmanos para Cristo.

Um dos movimentos mais produtivos e empolgantes está acontecendo na parte ocidental do Sul da Ásia. Ali, Mike Shipman e sua equipe têm visto a conversão de milhares de muçulmanos. É um movimento em que os recém-convertidos aprendem compartilhar o Evangelho usando o método "Q-3". O resultado tem sido 18 gerações de novas igrejas se reproduzindo em mais igrejas.

Q-3 - Missões: qualquer pessoa, qualquer lugar, qualquer hora, conta a história desses movimentos, que têm produzido milhares de novos seguidores de Cristo no mundo muçulmano.

O que eu amo na metodologia Q-3 é a simplicidade e a fidelidade bíblica ao modelo que Jesus ensinou há mais de dois mil anos. Qualquer cristão pode seguir esse caminho bíblico que nos orienta sobre como fazer o contato inicial com o muçulmano e como conduzir a conversa a uma decisão por Cristo.

Estou impressionado em ver este valioso recurso do Reino agora disponível para os nossos queridos irmãos e irmãs do mundo de fala portuguesa. Que Deus os abençoe na tarefa de trazer incontáveis muçulmanos, homens e mulheres, meninos e meninas, a um relacionamento pessoal com Deus por meio de Jesus Cristo.

David Garrison
Colorado, EUA

Prefácio da MEAB

E ele mesmo concedeu uns para apóstolos, outros para profetas, outros para evangelistas e outros para pastores e mestres, com vistas ao aperfeiçoamento dos santos para o desempenho do seu serviço... (Ef 4.11s)

Deus tem dotado sua Igreja com evangelistas para nos lembrar da tarefa que todos temos, que é seguir compartilhando a mensagem do Evangelho com as pessoas ao nosso redor.

Mark Shipman é um desses evangelistas que Deus está usando de maneira marcante no Sul da Ásia. Seu exemplo nos inspira, suas histórias nos encorajam e sua sabedoria nos instrui.

Os capítulos 2 a 7 descrevem a metodologia Q-3. Mark nos mostra uma maneira simples de começar conversas com muçulmanos. Ele também nos indica sabiamente a história do primeiro sacrifício em Gênesis 3 como uma grande ponte para falar do Evangelho. Este é um passo crucial que você apreciará melhor depois de ver de perto a cosmovisão dos muçulmanos!

Porém, é nos capítulos 8 a 12 que o leitor começa a sentir o "bater do coração" de Mark e perceber sua incrível sabedoria em alcançar os perdidos.

O autor nos lembra que a mensagem do Evangelho, por si só, já é poderosa – não precisamos embelezá-la ou melhorá-la - ela é o melhor filtro para descobrir as pessoas interessadas. Devemos compartilhar o Evangelho de maneira abundante para ver quem responderá.

A equipe da MEAB sinceramente espera que as perspectivas de Mark o inspirem. Que Deus use este livro para aumentar sua confiança na tarefa de compartilhar o Evangelho com seus amigos muçulmanos.

Flávio Ramos e David Williams

Equipe MEAB

Parte 1

O AVANÇO DO Q-3

Capítulo 1

Deus está agindo
no mundo muçulmano

O islamismo é a religião que cresce mais rapidamente no mundo de hoje. Mas o que você diria se eu lhe contasse que, no meu país, milhares de muçulmanos estão, agora mesmo, voltando-se ao Evangelho, aceitando Jesus Cristo como Senhor e Salvador e abraçando uma nova vida como seus seguidores?

É verdade. Nos últimos cinco anos, dezenas de milhares de muçulmanos ao redor do mundo entregaram suas vidas a Jesus e o receberam como Senhor e Salvador. Neste livro, você fará uma viagem para dentro de um dos movimentos de muçulmanos para Cristo que mais cresce no mundo. Verá como e por que mais de 9 mil muçulmanos em um país do sudeste asiático disseram sim a Jesus e nasceram de novo.[1] Saberá como mais de 3.500 deles foram batizados e integrados a novas igrejas, que se reproduziram oito ou nove vezes, gerando centenas de comunidades de novos cristãos.

É muito importante que você saiba como também pode levar muçulmanos à fé em Jesus Cristo de maneira eficaz – *qualquer pessoa, onde quer que esteja, a qualquer hora.*

O DESAFIO DO ISLAMISMO

Embora seja verdade que o islamismo é a religião que mais cresce no mundo de hoje, um olhar mais atento nesse crescimento revela por que ele está ocorrendo. De longe, o maior fator é a reprodução biológica. Não apenas as famílias muçulmanas estão gerando mais crianças do que a maioria das sociedades ao redor delas, graças a melhorias na saúde e condições de vida,

---

1 Por causa de seu forte embasamento no Evangelho neotestamentário, nos movimentos do Q-3 a Cristologia – ou a compreensão da natureza de Cristo – tem sido fortemente enfatizada. Cristo é apresentado como plenamente Deus e plenamente homem.

mas também mais de seus filhos estão crescendo e estabelecendo suas próprias famílias. O resultado é uma explosão populacional dentro do mundo muçulmano que está transbordando para países ao redor do globo.

Isso significa que você enfrentará a crescente realidade do islã. Se já não a tiver enfrentado, você, no futuro, acabará tendo vizinhos, colegas de escola ou de trabalho muçulmanos. Em suma, os cristãos de hoje vão se deparar com o islamismo. A questão é: De que forma isso acontecerá? Será uma experiência boa ou ruim?

A verdade é que o islamismo é a única religião no mundo projetada sob medida para contestar e confundir a fé cristã. A religião resultante tem muitos componentes anticristãos dentro dela. Não é de se admirar que os cristãos despreparados hoje, com muita frequência, a considerem intimidadora.

Devido a esse desafio muito real, muitos cristãos bem-intencionados têm reagido com medo e raiva. No entanto, as reações decorrentes do medo e da raiva raramente vão ao encontro do que Deus deseja. Ele quer que todos os muçulmanos o conheçam, assim como as Boas Novas da salvação que ele oferece em Jesus Cristo.

Este é o dia da salvação de Deus para os muçulmanos. Não seria trágico se o deixássemos passar porque estávamos com muito medo deles ou ocupados demais lutando contra eles para apresentá-los a Cristo?

Caro amigo em Cristo, devemos abrir nossos olhos para perceber que este é o dia da salvação de Deus para os muçulmanos, *mas apenas se estivermos preparados para a colheita!* O Q-3 pode ajudar a prepará-lo e a equipá-lo para essa colheita.

O AVANÇO DO Q-3

Há sete anos, Zack e eu estávamos em uma situação muito difícil. Tínhamos aceitado o desafio de apresentar o Evangelho a um grande grupo muçulmano não alcançado.[2] Em decorrência de nossa frustração e fracassos, buscamos desesperadamente o Senhor em oração. Foi através desse processo que Deus nos levou a desenvolver uma nova iniciativa de discipulado que visava multiplicar o evangelismo pessoal, novos discípulos e novas igrejas.

---

2   Todas as histórias contidas neste livro são verdadeiras, mas os nomes foram alterados para proteger os ministérios dos envolvidos. O gráfico "Nove gerações de Igrejas de Origem Muçulmana" apareceu originalmente no *T4T* (*Training for Trainers* [Treinamento para Treinadores]) de Steve Smith: *Re-Revolução do Discipulado* (Rio de Janeiro: Sabre, 2014), mas era sobre o nosso movimento Q-3, que incorpora o *T4T* em seu programa de acompanhamento (veja Capítulo 14 abaixo).

Capítulo 1 - Deus está agindo no mundo muçulmano

Zack e eu fizemos um compromisso consciente de compartilhar o Evangelho com qualquer pessoa que encontrássemos, em qualquer lugar e a qualquer hora. Por esta razão, chamamos nossa estratégia de "Q-3". Nosso primeiro avanço veio um dia quando Zack compartilhou o Evangelho com um homem que estava com ele na fila em um escritório do governo. Para nossa alegria, o homem logo depois professou fé em Cristo. Mas Q-3 é mais do que apenas um compromisso de compartilhar o Evangelho. É uma maneira de compartilhar que está se mostrando eficaz em derrubar a resistência das pessoas em dizer sim a Jesus.

Sete anos depois daquele primeiro convertido, mais de cinco mil muçulmanos do povo étnico com quem nós servimos professaram fé em Jesus Cristo através do estilo de evangelismo Q-3. Estamos vendo cristãos e igrejas se reproduzirem em gerações multiplicadoras. Das mais de 450 comunidades de novos cristãos que se formaram entre o nosso povo, um terço delas são da quarta e quinta gerações.[3]

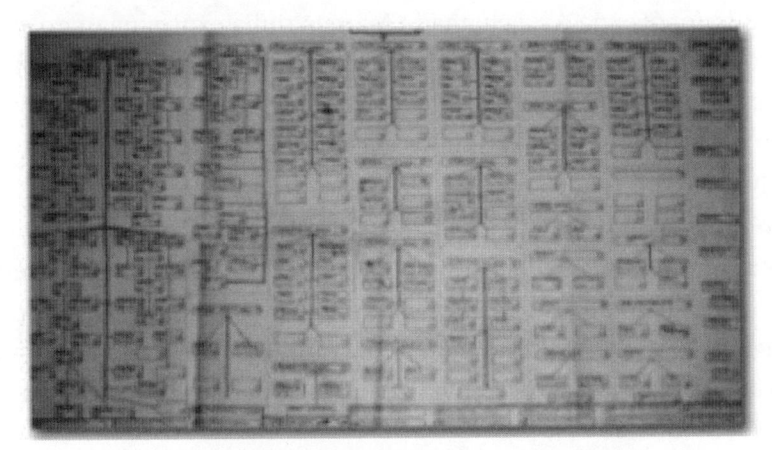

Nove gerações de Igrejas de Origem Muçulmana[4]

O evangelismo Q-3 tornou-se o nosso método preferido de evangelismo para o crescente movimento[5] de plantação de igrejas em nosso ministério.

---

3 Por quarta geração, queremos dizer uma igreja que se reproduziu, e esta igreja se reproduziu, e ainda mais duas vezes. Portanto quatro gerações de reprodução. Os dados citados foram mensurados pela última vez no primeiro trimestre de 2009.

4 Imagem desfocada propositalmente para preservar nomes e localidades. (N. de Revisão)

5 Movimentos de Plantação de Igreja são descritos mais detalhadamente no livro de David Garrison, *Movimentos de Plantação de Igreja* (Curitiba: Esperança, 2015).

A razão para isso não é alguma fórmula mágica do Q-3, mas porque ele nos dá uma maneira simples e eficaz de apresentar o Evangelho aos muçulmanos e inseri-los em comunidades de discipulado. O poder está no Evangelho, não no método. O método é apenas o veículo para a apresentação desse poderoso Evangelho.

O Q-3 está provando ser uma ferramenta eficaz para testemunhas cristãs tanto no Ocidente quanto no Oriente. Ele está ajudando centenas de obreiros de tempo integral e milhares de cristãos leigos a superarem seu medo de compartilhar o Evangelho com muçulmanos. Recentemente, um obreiro cristão que tinha falhado mais de uma vez enquanto tentava evangelizar seu povo-alvo conheceu o Q-3. Logo em seguida ele enviou ao autor uma mensagem de texto toda em letras maiúsculas: "ESTOU COMPARTILHANDO O EVANGELHO!" Na verdade, estava compartilhando e fazendo muito mais. Agora, ele e seus amigos estão levando muçulmanos a Cristo semanalmente na mesma área difícil na qual tinham anteriormente experimentado frustração. O Q-3 renovou o seu ministério.

Um missionário na Ásia chamado Marcus tinha experimentado certo sucesso com seu povo-alvo muçulmano difícil e não alcançado. Mas usando o Q-3 passou a ver um grande avanço. Marcus relatou: "Batizamos mais pessoas do nosso povo-alvo nos últimos seis meses do que nos cinco anos anteriores juntos".

Este livro é fundamentado em pesquisa bíblica e em diversas tentativas de mentorear evangelistas em abordagens de evangelismo produtivas. Quando você, leitor, digerir o conteúdo deste livro, acreditamos que chegará à seguinte conclusão: "Esta é uma maneira clara, bíblica e culturalmente apropriada de compartilhar o Evangelho. Isso poderá funcionar em minha própria comunidade".

Esta é a hora da colheita. Deus está preparando os campos e levantando milhares de ceifeiros em todo o mundo para alcançar os perdidos para Jesus Cristo. Como você vai ver, os mesmos princípios básicos do Q-3 que provaram ser tão eficazes dentro do mundo muçulmano, têm significância para alcançar hindus, budistas e até mesmo pessoas de origem cristã.

Por que Q-3?

O que torna o Q-3 diferente de outros métodos de evangelismo contemporâneos? Ele implementa a maneira simples e natural que Jesus utilizou para testemunhar à mulher no poço em João 4. Desta maneira, o Q-3 retoma os elementos fundamentais da evangelização do primeiro século que Jesus ensinou a seus discípulos. Funcionou naquela época e funciona agora.

O Q-3 combina construir pontes, apresentar o Evangelho e recolher as redes em uma abordagem integrada. Agora, mais uma vez, é fácil fazer a transição de um simples bate-papo para o Evangelho e, em seguida, levar a conversa para uma decisão. O Q-3 permite que você compartilhe o Evangelho de uma maneira natural e relacional. É um método persuasivo, mas nunca combativo. Dessa forma, o Q-3 libera o poder do Evangelho sem provocar a ira do ouvinte.

O Q-3 treina a testemunha a chegar a uma conversa sobre o Evangelho de maneira natural, respondendo à pergunta: "O que eu digo para um não cristão?" Ele ajuda o ato de testemunhar a se tornar relacional em vez de uma pregação. Isso capacita a testemunha a se tornar qualificada e confiante à medida que contorna os obstáculos que normalmente surgem durante uma conversa de testemunho.

O Q-3 não tem um sentimento de confinamento atrelado a ele. É espontâneo e livre, ajudando os cristãos a viverem o evangelismo no dia a dia, em vez de tentarem, em vão, evangelizar pelo seu exemplo de vida.

Usando o próprio Evangelho como filtro, o Q-3 revela imediatamente quem está e quem não está aberto ao Evangelho. Assim, em vez de ter que adivinhar como uma pessoa reagiria ao Evangelho com base na linguagem corporal ou algum outro fator subjetivo, o Q-3 permite que você saiba com certeza.

Estamos fazendo hoje o que pouquíssimas pessoas sonharam que poderia ser feito entre os muçulmanos – compartilhar o Evangelho e, muitas vezes, ouvi-los dizer: "Obrigado". Mesmo quando não dizem "obrigado", eles geralmente ouvem o Evangelho e mostram respeito ao mensageiro das Boas Novas.

Indo além do que pensávamos ser possível, temos descoberto que podemos compartilhar o Evangelho com quase qualquer um, em quase qualquer lugar, em quase todo o tempo, surpreendentemente com pouca oposição – mesmo em nosso contexto muçulmano de alta segurança. Na vida daqueles que temos treinado, compartilhar o Evangelho com o Q-3 está produzindo resultados semelhantes. Sim, quando as pessoas professam sua fé e seguem Cristo no batismo, surge a perseguição, como tem acontecido desde o Pentecostes. No entanto, por causa da eficácia do Q-3, quando a perseguição vem, há uma comunidade crescente de cristãos para enfrentar a tempestade juntos.

Porque seus princípios derivam do padrão de evangelismo modelado por Jesus, o Q-3 pode ser adaptado para quase qualquer cultura ou cosmovisão. Este livro se concentrará no mundo muçulmano, possivelmente um dos mais difíceis de alcançar, porque é lá que nós mesmos temos visto como ele é eficaz. No entanto, como você vai aprender na parte final deste livro, com pequenos ajustes, o Q-3 pode ser adaptado a outras cosmovisões e culturas também.

Deus está usando o Q-3 para despertar e capacitar seu povo para compartilhar o Evangelho mais uma vez. Aqueles que o fazem estão experimentando para si o poder e a alegria do Evangelho. Nas páginas que se seguem, eu o convido a ver por si mesmo como Deus pode usar o Q-3 para glorificar seu nome entre as nações, e talvez até mesmo em seu próprio ministério.

Capítulo 2

Uma jornada de cinco estágios

Este capítulo revela o coração do Q-3. Você vai começar a aprender, passo a passo, como avançar do primeiro contato para uma decisão por Cristo. No Capítulo 3 vamos explorar o fundamento bíblico para o Q-3, à medida que examinamos o padrão estabelecido por Jesus em seu encontro com a mulher no poço. Mas primeiramente vamos ver o Q-3 em ação e aprender os cinco passos simples para o testemunho.

Derek estava cansado, tinha sido um longo dia, mas ele estava determinado a compartilhar o Evangelho uma vez mais antes de se recolher à noite. Enquanto caminhava por uma área isolada de um bairro muçulmano conservador, orou para que o Senhor lhe permitisse fazer contato com alguém com quem pudesse compartilhar o Evangelho.

Hasan estava sentado em um quiosque bebendo suco enquanto Derek passava. Hasan esperava por sua esposa, que estava em um salão de beleza. Vendo Hasan, Derek comprou uma bebida também e sentou-se perto dele.

"Olá", disse Derek. "Boa noite", Hasan respondeu.[6] Os dois logo começaram um bate-papo enquanto passavam o tempo. Muito naturalmente, Derek perguntou a Hasan sobre sua religião. A conversa manteve um tom descontraído, mas Derek sabia onde queria chegar. Fez algumas perguntas casuais e os dois concordaram que a humanidade compartilhava de um problema de pecado comum. Hasan concordou: "Sim, somos todos pecadores".

Derek perguntou a Hasan o que ele estava fazendo para ter seus pecados perdoados. Hasan mencionou três das cinco atividades que sua religião exige para agradar a Deus. Então admitiu: "Meus pecados ainda não foram perdoados, não

---

6 Com muçulmanos, uma saudação inicial comum é *"Salaam aleikum"*, que literalmente significa: "Que a paz esteja sobre você". Eu traduzi a saudação que usamos em meu país para uma linguagem mais familiar como "Olá" ou "Boa noite".

sei quando eles serão. Só no dia do julgamento é que posso esperar que meus pecados sejam perdoados". Derek estava esperando esta resposta, sabendo que os muçulmanos raramente têm qualquer certeza de sua própria salvação.

Então, Derek educadamente, mas com confiança, disse a Hasan que sabia que seus próprios pecados estavam perdoados. Em seguida, explicou como ele sabia contando uma história para Hasan. Pelos minutos seguintes, Derek compartilhou com Hasan uma história enfatizando que Cristo é o cordeiro sacrificial de Deus, que morreu por nossos pecados e ressuscitou dentre os mortos. Concluiu dizendo que qualquer um que se entregue a Jesus com arrependimento de pecado e com a crença no Evangelho, terá seus pecados perdoados.

Hasan respondeu concordando com Derek. Fazia sentido para ele que suas boas obras nunca pudessem cancelar todos os seus pecados, mas que Deus tivesse criado um modo para o perdão através de Jesus. Quando Derek perguntou se ele acreditava no Evangelho, Hasan respondeu com palavras de sincera convicção e abertura. Ele estava convencido de que o que Derek tinha compartilhado era verdade, mesmo que esta tivesse sido a primeira vez que ele ouviu as boas novas sobre o sacrifício de Jesus por ele.

Derek, então, citou Romanos 10.9, explicando a necessidade do arrependimento e da entrega a Jesus Cristo como Senhor. Naquela mesma noite, Hasan acreditou que Deus o estava chamando para a salvação e orou entregando-se a Jesus. Ele respondeu positivamente ao Evangelho e o zelo evangelístico de Derek foi renovado.[7]

Muitas vezes experimentamos encontros como este ao compartilharmos o Evangelho. Algumas pessoas, obviamente, não são tão abertas como Hasan e, educadamente, retiram-se da conversa, mas geralmente não até depois de ouvir o Evangelho. Muitas outras, porém, respondem positivamente como Hasan fez.

Este é o Q-3. É uma maneira intencional de compartilhar com muçulmanos, um caminho que flui suave, mas sistematicamente, a partir do contato inicial até a decisão por Cristo. Uma revisão do encontro com Hasan revelará como ele fluiu natural e facilmente através de cada um dos cinco passos. Mais tarde, veremos que estes mesmos cinco passos eram também evidentes no ministério de evangelismo de Jesus. Mas, primeiramente, vamos dar uma olhada nestes cinco passos.

---

7 Embora algumas pessoas professem fé durante uma conversa preliminar, quando ouvem o Evangelho pela primeira vez, é mais comum que isso aconteça durante a primeira, segunda ou terceira visita de acompanhamento.

UMA OLHADA NO Q-3

PASSO UM: FAÇA CONTATO

Você pode fazer isso com qualquer pessoa usando duas perguntas de contato: "Quem é você?" e "Como você está?"

Invista tempo para conhecê-lo, sua família. Seja amigável e receptivo.

Transição nº 1: "Você é hindu, muçulmano, budista ou cristão?"

PASSO DOIS: DIRECIONE A CONVERSA PARA DEUS

O Passo dois é realizado com uma pergunta e uma observação.

A pergunta é: "A maioria das religiões é igual, não é?"

Então faça a observação: "Todos nós estamos tentando agradar a Deus para que possamos ir para o céu algum dia, e todos estamos tentando pagar nossa dívida de pecado. Todos nós pecamos, não é? Até mesmo boas pessoas pecam. Pecar é fácil, mas pagar nossa dívida de pecado a Deus é muito mais difícil, não é?"

Transição nº 2: "Em sua religião, o que você está fazendo para ter seus pecados perdoados?"

PASSO TRÊS: DIRECIONE PARA O ESTADO DE PERDIÇÃO

Depois de perguntar à pessoa quais são algumas das coisas que ela está fazendo em sua religião para agradar a Deus, deixe-a contar duas ou três coisas que está fazendo para obter perdão para seus pecados. Ouça com atenção e não tenha medo de fazer perguntas ao longo do caminho.

Conclua a seção fazendo três perguntas: em primeiro lugar, "Seus pecados já estão pagos?" Em segundo, "Quando você acha que seus pecados serão pagos?" Em terceiro, "No Dia do Juízo, você sabe que a sua dívida de pecado será paga?"

Transição nº 3: "O que eu creio é diferente; sei que meus pecados estão perdoados. Não é porque sou uma boa pessoa, embora eu tente ser. Sei disso por que o próprio Deus criou um modo para que nossos pecados sejam perdoados".

Passo quatro: Direcione para o Evangelho

Conte "A primeira e a última história de sacrifício". (Veja o Capítulo 6)

Termine "A primeira e a última história de sacrifício" dizendo: "É por isso que eu sei que meus pecados estão perdoados".

Transição nº 4: "De acordo com a Bíblia, se entregarmos nossa vida a Jesus como Senhor e acreditarmos que ele pagou por nossos pecados através de seu sacrifício e que Deus o ressuscitou dentre os mortos, nossos pecados serão perdoados".

Passo cinco: Direcione para uma decisão

Para levar essa conversa a uma decisão, faça duas perguntas. Em primeiro lugar, "Isso faz sentido, não é?" Embora não possamos pagar nossa própria dívida de pecado, Deus criou um modo para que nossos pecados sejam perdoados através da morte sacrificial e ressurreição de Jesus. Em segundo lugar, "Você acredita no que eu lhe disse: que Jesus morreu por nossos pecados e ressuscitou?"[8]

Simples o suficiente? O Q-3 fornece um caminho direto, orientando-o desde do contato inicial até apresentação de um convite claro e convincente para seguir Jesus Cristo. Vamos olhar mais de perto cada um dos cinco passos nos próximos capítulos. Por enquanto, porém, separe um tempo para memorizar cada um dos cinco passos.

RETENHA O QUE APRENDEU:

Os cinco passos do Q-3

Faça contato

Direcione a conversa para Deus

Direcione para o estado de perdição

Direcione para o Evangelho

Direcione para uma decisão

---

8   Se a pessoa responder positivamente a esta pergunta, o próximo passo seria ler Romanos 10.9s juntos, enfatizando a necessidade de que se arrependa de seus pecados e se entregue a Cristo como Senhor. Todo o processo de acompanhamento é descrito no Capítulo 10.

Capítulo 3

Testemunhando bem

Jesus é o nosso modelo para todas as coisas na vida cristã, incluindo como fazer evangelismo. Contudo, relatos detalhados do testemunho de Jesus são limitados. Encontramos a perspectiva mais completa e instrutiva do padrão de testemunho de Jesus em João 4, que conta como Jesus compartilhou o Evangelho com a mulher samaritana ao lado do poço.

Com certeza, abordar uma mulher de raça miscigenada e com uma reputação de imoralidade tornou-se um caso de estudo muito interessante. Ao testemunhar a ela Jesus superou os tabus sociais de seus dias. Homens judeus normalmente evitavam contato tanto com samaritanos quanto com mulheres. A sabedoria convencional dizia: "Nenhum homem deveria conversar casualmente com uma mulher ao longo do caminho. Na verdade, nem com sua própria esposa".[9] Jesus deveria conhecer a opinião rabínica que dizia: "É melhor queimar as palavras da Lei Mosaica do que ensiná-las a uma mulher".[10]

Talvez Jesus tenha escolhido um caso tão extremado para salientar algo importante. Devemos estar prontos para compartilhar o Evangelho com qualquer pessoa e a qualquer momento. Essa é a natureza do Q-3. Ele o capacita para compartilhar com qualquer um, em qualquer lugar e a qualquer hora. Ao lado do poço, Jesus vivenciou os princípios de evangelismo do Q-3.

Através de sua conversa com a mulher no poço, Jesus revelou a seus seguidores, naquele momento e agora, princípios importantes e maneiras comprovadas de compartilhar o Evangelho. As páginas seguintes irão lhe mostrar como podemos aplicar esses mesmos princípios hoje. O Q-3 nos

---

9 Citado por Barclay, *Gospel of John,* vol. 1, 155 in: Elmer Towns, *The Gospel of John: Believe and Live* (Old Tappan, NJ: Fleming and Revell Co., 1990), 101.

10 Elmer Towns, *The Gospel of John: Believe and Live* (Old Tappan, NJ: Fleming and Revell Co., 1990), 101.

prepara para estarmos sempre prontos para testemunhar bem, assim como fez Jesus junto ao poço.

Jesus estava viajando com seus discípulos da Judeia para a Galileia (Jo 4.3). Para chegar à Galileia, diz a Bíblia, Jesus *teve* que passar por Samaria (Jo 4.4). Do ponto de vista prático, porém, Jesus não *teve* que passar por Samaria. Se estivesse com pressa, ele poderia ter escolhido passar por Samaria porque a estrada por ali era mais direta e, portanto, mais rápida. No entanto, Jesus não estava com pressa. Sabemos disso porque ele e seus discípulos ficaram em Samaria por dois dias depois de seu encontro com a mulher no poço (Jo 4.43). Jesus *teve* que passar por Samaria, por obediência à vontade de seu Pai. O ato de testemunhar de maneira eficaz começa com a obediência à liderança do Espírito Santo.

COMO JESUS TESTEMUNHOU NO POÇO?

PASSO UM: JESUS FEZ CONTATO (ESTABELECEU AFINIDADE)

A primeira coisa que Jesus fez foi fazer contato com a mulher. Jesus disse: *"Dá-me de beber"* (Jo 4.7). O pedido é interessante devido à sua franqueza. Se houve uma saudação introdutória ou uma conversa, não foi registrada por João. Normalmente, qualquer testemunho deve começar com uma breve conversa sobre o local de origem da pessoa e sua família, onde a pessoa vive, o clima, eventos atuais, etc. Isso pode ter acontecido, embora não tenha sido registrado.

"Dá-me de beber" criou uma ponte relacional imediata, levando a conversa a algo em comum entre as duas pessoas. Com este pedido, Jesus e a mulher, embora de origens muito diferentes, puderam encontrar algo em comum. Também criou uma conexão entre os dois devido à frustração de ter que vir de uma distância considerável ao poço para tirar água. Encontrar algo em comum é o primeiro objetivo no desenvolvimento de um testemunho.

O testemunho de Jesus junto ao poço acaba com um mito muito comum: o de que um relacionamento ou amizade tem que existir para que o testemunho seja bem-sucedido. Na verdade, a própria mulher reconheceu a grande diferença entre ela e Jesus. Ela disse: *Como, sendo tu judeu, pedes de beber a mim, que sou mulher samaritana?* (4.9). No entanto, Jesus encontrou algo simples em comum – sede. Jesus e a mulher compartilharam as mesmas aspirações e necessidades humanas.

Jesus também desfez outro mito sobre testemunho: o de que é preciso tempo para construir o tipo de relacionamento que permite a uma pessoa ouvir o Evangelho. Jesus iniciou uma conversa com a mulher samaritana e, em poucos minutos (se não segundos), já estava em uma conversa sobre assuntos espirituais.

Passo dois: Jesus direcionou a conversa para Deus (fez a transição para assuntos espirituais)

Uma vez que Jesus fez contato com a mulher samaritana, ele rapidamente fez a transição para assuntos espirituais. A ponte direta de Jesus é impressionante. O contato foi iniciado concentrando-se em uma necessidade comum e rapidamente serviu de ponte para uma conversa sobre a Água Viva.

Jesus disse: *"Se conheceras o dom de Deus e quem é o que te pede: dá-me de beber, tu lhe pedirias, e ele te daria água viva"* (4.10). Jesus usou a analogia da Água Viva para aumentar o interesse dela em assuntos espirituais e, assim, fez com que a mulher desejasse saber mais.

Passo três: Jesus direcionou para o estado de perdição (fez com que ela visse seu próprio estado de perdição)

Jesus revelou o cerne do problema da mulher, a fim de revelar sua solução. Jesus não deixaria a mulher ignorar seu pecado ou encontrar a cura sem abordar o que tinha gerado sua sede espiritual. A mulher tinha que reconhecer sua pecaminosidade a fim de ser curada de suas consequências.

Jesus não lhe concedeu imediatamente seu pedido para: ... *dá-me dessa água* (Jo 4.15b). Em vez disso, no versículo 16, ele disse: *"Vai, chama teu marido e vem cá"*. Quando ela tentou evitar o assunto, respondendo: *Não tenho marido* (v. 17), Jesus disse: *"... porque cinco maridos já tiveste, e esse que agora tens não é teu marido"* (v. 18). Ai! Jesus poderia ter facilmente dito à mulher para chamar seus amigos, mas preferiu ajudá-la a enxergar sua condição perdida e pecaminosa.

Neste momento do testemunho, a abordagem de Jesus difere da nossa. Como o Filho de Deus sem pecado, Jesus não pôde se identificar pessoalmente com o pecado da mulher no poço. Uma coisa que podemos dizer quando testemunhamos, e que Jesus não podia, é: "Nós também somos pecadores". Podemos concordar com a pessoa a quem estamos testemunhando que o pecado é o problema universal de toda a humanidade.

A exemplo de Jesus, não devemos evitar o tema do pecado e suas consequências, nem devemos transmitir uma atitude do tipo "sou mais santo do que você". Discutir o pecado e a separação de Deus geralmente constrói um vínculo mais forte entre a testemunha e o ouvinte. Estamos no mesmo barco furado. Embora muitas vezes encontremos afinidades em nossos interesses comuns, o nosso maior laço é encontrado no problema comum do pecado e seus efeitos devastadores em nossas vidas.

Lembre-se sempre, porém, de que não é nosso trabalho convencer uma pessoa de seu estado de perdição. Esse trabalho é do Espírito Santo. *"Quando ele vier, convencerá o mundo do pecado, da justiça e do juízo: do pecado, porque não creem em mim; da justiça, porque vou para o Pai, e vocês não me vereis mais; do juízo, porque o príncipe deste mundo já está julgado"* (Jo 16.8-11).

O Q-3 é particularmente eficaz com muçulmanos porque os convida a admitir seu próprio estado de perdição. Então, com a ajuda do Espírito Santo, eles estão dispostos a aceitar a solução que Deus providenciou na expiação sacrificial de Jesus Cristo. Quando um cristão direciona a conversa para nossa pecaminosidade mútua e sua cura, ele trabalha em parceria com o Espírito Santo para aumentar a conscientização sobre a nossa necessidade de um salvador.

PASSO QUATRO: JESUS DIRECIONOU PARA O EVANGELHO (PROCLAMOU-SE COMO O MESSIAS)

De volta ao poço, vemos Jesus fazendo uma distinção entre as práticas religiosas da mulher e o verdadeiro caminho da salvação. Ele reconheceu as diferenças religiosas entre samaritanos e judeus, mas, em seguida, conduziu-a à verdadeira adoração.

A conversa foi assim:

> *Nossos pais adoravam neste monte; vós, entretanto, dizeis que em Jerusalém é o lugar onde se deve adorar. Disse-lhe Jesus: "Mulher, podes crer-me que a hora vem, quando nem neste monte, nem em Jerusalém adorareis o Pai. Vós adorais o que não conheceis; nós adoramos o que conhecemos, porque a salvação vem dos judeus. Mas vem a hora e já chegou, em que os verdadeiros adoradores adorarão o Pai em espírito e em verdade; porque são estes que o Pai procura para seus adoradores. Deus é espírito; e importa que os seus adoradores o adorem em espírito e em verdade".* (Jo 4.20-24)

De acordo com Jesus, a questão não era o lugar onde uma pessoa adorava, mas que a adoração deveria ser firmada em verdade e em espírito, porque Deus é espírito.

Depois de chegar a um acordo sobre o problema da pecaminosidade universal e pessoal, Jesus fez a transição da conversa para a solução. De onde vem a salvação? Jesus respondeu à pergunta ao anunciar que ele era o Messias (v. 26).

Quase todas as religiões pressupõem que a humanidade deve fazer algo para reparar um relacionamento quebrado ou imperfeito com Deus. As soluções que propõem são tipicamente baseadas em obras para reparar essa separação entre Deus e o homem.

No budismo, a salvação é através do esvaziamento de si mesmo de todo desejo na busca do Nirvana. No hinduísmo, a salvação é alcançada tornando-se "um" com todas as coisas. No islamismo, as pessoas *podem* ser salvas através da observação dos cinco pilares: proferindo a confissão de fé muçulmana – "Não há Deus senão Allah, e Maomé é seu mensageiro" –; fazendo orações cinco vezes ao dia, inclinando-se em direção a Meca; dando esmolas; jejuando durante o mês do Ramadã e fazendo a peregrinação a Meca. Outras religiões apresentam suas próprias maneiras de obter o favor e a salvação de Deus.

A Bíblia revela uma maneira diferente de todas as outras. Muitos cristãos também erraram com relação a isso, colocando sua esperança de salvação em suas boas obras. O que a Bíblia ensina, porém, é que a salvação é um dom de Deus que vem através da fé no sacrifício de Jesus Cristo, que pagou a dívida do pecado da humanidade com a sua morte sacrificial.

Quando testemunhamos, devemos diferenciar entre tentar conquistar a salvação através de nossas próprias obras e a salvação através da obra de Deus em Jesus Cristo. Jesus disse: *"Se conheceras o dom de Deus [...] ele te daria água viva"* (Jo 4.10). A salvação não é conquistada, é um dom de Deus.

PASSO CINCO: JESUS DIRECIONOU PARA UMA DECISÃO (CONVIDOU-A A RECEBER SUA MENSAGEM E PROVIDENCIOU ACOMPANHAMENTO POSTERIOR)

Caso a mulher não estivesse receptiva à mensagem de Jesus, presumimos que ele teria seguido seu próprio conselho aos seus discípulos: *"Se nalgum lugar não vos receberem nem vos ouvirem, ao sairdes dali, sacudi o pó dos pés, em testemunho contra eles"* (Mc 6.11). No entanto, a mulher estava muito receptiva e Jesus a conduziu à fé. O Evangelho de João nos diz que Jesus permaneceu na região por dois dias para acompanhar os resultados.

Recolhendo a rede

A menos que uma pessoa diga que não está interessada, você deve prosseguir para uma decisão perguntando: "Você acredita no que eu lhe disse (o Evangelho)?" Este é o único verdadeiro indicador do seu nível de receptividade. Muitos irão se interessar por Cristo na primeira vez em que ouvirem o Evangelho. Talvez a pessoa tenha ouvido o Evangelho antes, ou talvez Deus tenha preparado seu coração. A única maneira de saber com certeza é fazendo a pergunta.

No passado, se a pessoa dissesse que era a primeira vez que tinha ouvido falar no Evangelho, eu raramente perguntava se ela acreditava nele. Eu pensava que a pessoa só poderia progredir um ou dois "degraus na escada" de cada vez.[11] Agora entendo que, quando o Senhor está conduzindo alguém para a salvação, muitas vezes usa um elevador em vez de escadas. Ele pode levá-la quase simultaneamente do estágio de nunca ter ouvido o Evangelho à verdadeira fé salvadora. Então, a menos que a pessoa diga que rejeita o Evangelho, pergunte-lhe se acredita nele.

Fazendo o acompanhamento

Você deve tentar rever as pessoas que reagem positivamente dentro de 48 horas após a primeira conversa. Jesus nos advertiu que, quando os novos cristãos são deixados sozinhos para considerar o Evangelho, Satanás tentará desviá-los. Como um pássaro que arranca uma semente do campo antes que ela tenha a chance de se enraizar, Satanás vai tentar arrebatar a semente do Evangelho do seu coração (Lc 8.5).

O acompanhamento foi a chave para solidificar a fé da mulher samaritana e para alcançar muitos outros por meio dela. O desejo de Jesus de alcançar além da mulher no poço ficou evidente logo no início do testemunho. *"Vai, chama teu marido e vem cá"* (Jo 4.16) é uma clara indicação de que Jesus estava tentando conduzir um grupo de pessoas, em vez de um único indivíduo, à fé.

Ao mostrar receptividade à mensagem de Cristo, a mulher entrou na cidade e convidou vários homens para virem ver *um homem que me disse tudo quanto tenho feito. Será este, porventura, o Cristo?* (Jo 4.29). A pergunta da mulher expressava esperança de que, de fato, ele fosse o Messias. Jesus ficou ali dois dias resultando em que *muitos outros creram nele, por causa da sua palavra* (Jo 4.41).

---

11 Aqui o autor faz referência à "Escala de Engel", um conceito missiológico desenvolvido por James Engel, elaborado em sistema numérico que mostra onde as pessoas estão em sua caminhada espiritual. (N. de Revisão)

Você vai encontrar uma apresentação completa de como fazer o acompanhamento do Q-3 no Capítulo 14: "Acompanhamento para um MPI (Movimento de Plantação de Igrejas)". Se você seguir o padrão sugerido nesse capítulo, poderá descobrir que lançou um movimento de plantação de igrejas!

Se o Q-3 realmente segue o padrão de evangelismo modelado por Jesus com a mulher samaritana, então devemos esperar ver este mesmo padrão sendo seguido pelos discípulos de Jesus do Novo Testamento também. Revendo o evangelismo no livro de Atos, isso é exatamente o que encontramos.

O Q-3 NAS AÇÕES DA IGREJA PRIMITIVA

O Q-3 TRAÇA PARALELOS NO LIVRO DE ATOS[12]

O testemunho em Atos espelhou o mesmo padrão básico que Jesus seguiu em João 4.1-42. Em Atos 2.14-41; 3.12-26; 10.34-48 e 13.16-43 encontramos extensos registros de encontros evangelísticos. Cada um deles revela os mesmos cinco passos do processo do Q-3:

1. a testemunha fez contato,
2. transição para uma conversa sobre Deus seguida de uma referência à
3. pecaminosidade do ouvinte, conduzindo a
4. uma apresentação do Evangelho e
5. um apelo para uma decisão.

Em cada uma das passagens de Atos, a testemunha proclamou que Jesus morreu pelos pecados das pessoas e ressuscitou, como predito nas profecias e/ou confirmado por testemunhas. Os que ouviam a mensagem tinham a certeza de que a resposta ao Evangelho por meio da fé e do arrependimento resultaria no perdão dos pecados. Jesus sempre foi apresentado como o Cristo (Salvador) e, muitas vezes, como Senhor e Juiz que há de vir.

Os princípios do Q-3 são eficazes hoje, assim como eram no livro neotestamentário de Atos, precisamente porque eles se originam com os padrões estabelecidos por Jesus com uma mulher perdida ao lado de um poço em Samaria. A lista a seguir mostra as semelhanças entre a maneira como o Evangelho foi compartilhado em Atos em comparação com o padrão Q-3.

---

12 Meu colega, Mark S., identificou esses padrões de testemunho característicos no livro de Atos muito antes de conhecer o Q-3. Depois de aprender o Q-3, Mark notou as semelhanças e compartilhou estas observações comigo.

O PADRÃO DE ATOS	O PADRÃO DO Q-3
Varões judeus... (At 2.14) Israelitas... (At 3.12)	PASSO UM FAÇA CONTATO
Estes homens não estão embriagados... mas o que ocorre é o que foi dito por intermédio do profeta Joel... (At 2.15s) O Deus de Abraão... glorificou seu Servo Jesus. (At 3.13)	PASSO DOIS DIRECIONE A CONVERSA PARA DEUS
... vós o matastes, crucificando-o por mãos de iníquos... (At 2.23) ... compungiu-se-lhes o coração... (At 2.37) ... a quem vós traístes e negastes... (At 3.13s)	PASSO TRÊS DIRECIONE PARA O ESTADO DE PERDIÇÃO
... ao qual, porém, Deus ressuscitou, rompendo os grilhões da morte... (At 2.22-24) Dessarte, matastes o Autor da vida, a quem Deus ressuscitou dentre os mortos..." (At 3.13-16)	PASSO QUATRO DIRECIONE PARA O EVANGELHO
Arrependei-vos, e cada um de vós seja batizado... (At 2.38) Arrependei-vos, pois, e convertei-vos para serem cancelados os vossos pecados... (At 3.18-20)	PASSO CINCO DIRECIONE PARA UMA DECISÃO

Capítulo 4

Testemunhando bem aos muçulmanos

O Q-3 segue a abordagem que Jesus ensinou com a mulher samaritana, o mesmo padrão que comumente encontramos no livro de Atos, e a adapta para o testemunho aos muçulmanos. A próxima seção lhe apresenta uma descrição ainda mais completa dos cinco passos do Q-3.

CINCO PASSOS PARA TESTEMUNHAR BEM

PASSO UM: FAÇA CONTATO
(CRIE AFINIDADE ATRAVÉS DE UMA CONVERSA AMIGÁVEL)

Fazemos contato com duas perguntas: "Como você está?" e "Quem é você?" Aproveite a oportunidade para conhecer as pessoas antes de passar para assuntos espirituais. Relaxe, interaja com elas sobre a vida, conheça-as perguntando como elas estão.

Para alguns, a criação de afinidades pode levar de três a sete minutos; outros podem gastar dez a quinze minutos. Estabelecer afinidades é muito importante antes de passarmos para o testemunho.

PASSO DOIS: DIRECIONE A CONVERSA PARA DEUS
(TRANSIÇÃO PARA ASSUNTOS ESPIRITUAIS)

O objetivo de "Direcionar para Deus" é fazer a transição da conversa para assuntos espirituais e começar a estabelecer que todos nós somos pecadores.

A ponte do Q-3 para "Direcionar para Deus" é simples. É claro que você vai querer orar por uma porta aberta para compartilhar o Evangelho, mas mesmo que ela não pareça aberta, vá em frente e a abra. Lembre-se, não recebemos a ordem de orar para que uma porta se abra, mas de proclamar o Evangelho (Mc 16.15). Então, ore por uma porta aberta, e use as seguintes perguntas para ajudá-lo a iniciar uma conversa sobre Deus.

Comece perguntando: "Qual é a sua religião? Você é hindu, muçulmano, budista ou cristão?" Após esta pergunta, faça a observação: "A maioria das religiões é semelhante, não é? Estamos todos tentando agradar a Deus para que possamos ir para o céu algum dia, e todos nós estamos tentando pagar a nossa dívida de pecado. Todos nós pecamos, não é? Mesmo boas pessoas pecam. Pecar é fácil, mas pagar nossa dívida de pecado a Deus é muito mais difícil, não é verdade?"

Passo três: Direcione para o estado de perdição (estabeleça o nosso problema comum de pecado e a frustração de falhar com nossas obrigações religiosas, permitindo que eles falem sobre sua experiência religiosa)

Levar as pessoas a admitirem seu estado de perdição parece complicado, mas é incrivelmente fácil. A maioria das pessoas religiosas está fazendo atividades religiosas para pagar sua dívida de pecado. Por isso, perguntamos a elas: "Em sua religião, o que você está fazendo para pagar a sua dívida de pecado?"[13]

Neste momento é bom deixá-las falar. Cada vez que a pessoa responder com algo que ela está fazendo para pagar sua dívida para com Deus, faça mais perguntas. Uma vez que a pessoa tenha falado o que está fazendo, use estas três perguntas para fazer a transição para o próximo passo:

Três perguntas que ajudam a pessoa a reconhecer o seu estado

1. Sua dívida de pecado já está paga?

2. Quando será paga?

3. No Dia do Julgamento, seus pecados serão perdoados?

---

13 O Q-3 usa intencionalmente a analogia do "pagar uma dívida de pecado" porque ela mostra claramente o contraste entre a segurança de salvação do cristão por meio da obra expiatória de Cristo e a incerteza do muçulmano a respeito de seu destino eterno.

Capítulo 4 - Testemunhando bem aos muçulmanos   35

Agora que você já fez contato, direcionou o assunto para uma conversa sobre Deus e conduziu seu amigo muçulmano a admitir seu estado de perdição, pode direcionar a conversa para o Evangelho com a seguinte frase de transição: "O que eu creio é diferente. Sei que meus pecados estão perdoados, mas não porque sou uma boa pessoa, embora eu tente ser bom. Meus pecados estão perdoados porque o próprio Deus pagou por eles". Em seguida, compartilhe "A primeira e a última história de sacrifício", encontrada no Capítulo 6.[14]

PASSO QUATRO: DIRECIONE PARA O EVANGELHO (SEPARE DE 6 A 8 MINUTOS PARA CONTAR "A PRIMEIRA E A ÚLTIMA HISTÓRIA DE SACRIFÍCIO")

"A primeira e a última história de sacrifício" é a maneira pela qual compartilhamos o Evangelho com muçulmanos no Q-3. Contamos a história do Evangelho em vez de simplesmente recitar verdades proposicionais sobre ele.

Siga "A primeira e a última história de sacrifício" terminando com essa pergunta de transição: "Para você faz sentido que não possamos pagar por nossos próprios pecados, mas que Deus tenha criado um modo para que os nossos pecados sejam perdoados por meio do sacrifício de Jesus?" e "Você crê que Jesus morreu como um sacrifício por nossos pecados e ressuscitou dentre os mortos?"

PASSO CINCO: DIRECIONE PARA UMA DECISÃO

Depois de fazer essas perguntas de transição, prepare-se para uma de três respostas possíveis:

1. Eles poderão crer no Evangelho.

2. Eles poderão se tornar receptivos ao Evangelho, mas ainda não prontos para professar sua fé em Cristo.

3. Eles poderão não crer ainda no Evangelho.

---

14 É possível fazer pequenas mudanças nessa história quando estiver testemunhando a uma pessoa de fé diferente. Essas mudanças são sugeridas no Capítulo 12. Dividi a história em três partes para torná-la mais fácil de aprender e usar.

Esteja preparado para cada uma dessas reações, da seguinte maneira:

1. *Se eles crerem no Evangelho:*

Explique Romanos 10.9s, enfatizando a necessidade de se entregar a Cristo como Senhor por meio do arrependimento e da crença no Evangelho. *Se, com a tua boca, confessares Jesus como Senhor e, em teu coração, creres que Deus o ressuscitou dentre os mortos, serás salvo. Porque com o coração se crê para justiça e com a boca se confessa a respeito da salvação* (Rm 10.9s).

Agora, conduza-os a fazer uma oração para entregarem suas vidas a Cristo como Senhor.

2. *Se eles estiverem receptivos ao Evangelho, mas ainda não prontos para professar a fé:*

De maneira breve, conte-lhes uma das outras histórias de sacrifício do Antigo Testamento (Caim e Abel) contidas no Apêndice A. Enfatize o tipo de sacrifício que Deus requer. Convide-os para se encontrarem com você novamente a fim de estudar outras histórias de sacrifício da Bíblia. Ofereça-se para orar por eles no nome de Jesus.

3. *Se eles não estiverem receptivos ao Evangelho:*

Faça um resumo do Evangelho novamente, enfatizando a diferença entre o Evangelho e suas atividades religiosas que objetivam pagar sua dívida de pecado com Deus. Depois, sinta-se à vontade para, educadamente, mudar de assunto e continuar a conversa. Você plantou de maneira fiel uma semente do Evangelho que poderá produzir uma colheita depois que você se for embora.

PONTOS CRÍTICOS NO DECORRER DA CONVERSA

Satanás está constantemente agindo, tentando impedir o evangelismo de obter sucesso. Ele *cegou o entendimento dos incrédulos* (2Co 4.4), e eles estão aprisionados *para cumprirem a sua vontade* (2Tm 2.26). Satanás também usa a decepção para tentar parar a testemunha. Quem compartilha o Evangelho ouve a voz do enganador tentando desesperadamente convencer a testemunha de não compartilhar as Boas Novas. Enquanto a conversa não é sobre o Evangelho, não há tensão, mas quando a testemunha faz a transição para a verdade espiritual, a batalha com Satanás começa.

Quando uma testemunha se propõe a compartilhar o Evangelho, Satanás oferecerá muitas oportunidades para ele desistir. Normalmente, existem três pontos críticos nos quais a testemunha sente-se pressionada a parar. Estes são os momentos cruciais quando a testemunha deve se submeter ao Espírito de Cristo e ir adiante a fim de compartilhar o Evangelho com eficácia.

O primeiro ponto crítico surge quando a testemunha faz a transição de uma mera conversa para a verdade espiritual, as vozes começam a fluir. "Agora não, não aqui, não seja tão direto" são exemplos de dardos inflamados que o diabo lança em nossa direção. Não fique preso a uma mera conversa casual, porque a grande oportunidade de compartilhar a vida eterna está em jogo.

O segundo ponto crítico vem assim que agimos em conjunto com o Espírito Santo para fazer alguém entender e admitir seu estado de perdição. Agora é hora de fazer a transição para o Evangelho, afirmando: "O que eu creio é diferente..." Ao mesmo tempo, ouvimos a voz do Enganador novamente dizendo: "Não tão rápido, não tão de repente, não tão claramente... Você certamente irá ofendê-los, e eles vão se distanciar de você e do Evangelho..."

O terceiro surge quando é hora de recolher a rede. Aprendemos que você nunca vai saber se creem no Evangelho até que pergunte a eles. Esta última pergunta é o filtro que mostra se a pessoa está pronta para crer, receptiva ao Evangelho, ou ainda não. Ao perguntar: "Você crê no que eu compartilhei?", você abre a porta para o acompanhamento imediato, o que pode resultar em profissão de fé, batismo e discipulado.

Não os deixe em seu estado de perdição – dê-lhes as Boas Novas que podem salvá-los para a eternidade!

Quando os cristãos andam no Espírito, compartilham o Evangelho e recolhem a rede, pessoas de todos os tipos se mostram receptivas e vêm à fé. Logo no início do movimento do qual temos feito parte, dois dos convertidos compartilharam seu espanto quando um homem muçulmano, que já tinha feito a peregrinação à Meca, professou sua fé em Cristo durante seu primeiro encontro com eles. "Nós simplesmente compartilhamos o Evangelho, e, em seguida, o convidamos para receber Cristo", disse um deles, "E ele recebeu!"

TRÊS PONTOS CRÍTICOS:

1. Quando você faz a transição de uma mera conversa para uma conversa espiritual.

2. Quando você usa a frase de transição: "O que eu creio é diferente".

3. Quando você recolhe a rede perguntando: "Você crê no que eu disse a respeito da morte sacrificial de Jesus por nossos pecados?"

Parte 2

PONTES E TENTAÇÕES

Capítulo 5

Fazendo a ponte para uma conversa sobre Deus

Fazer a transição para uma conversa sobre Deus a partir de uma mera conversa é difícil para muitas pessoas. Elas não sabem bem o que dizer e relutam em conversar sobre Deus porque acreditam que a conversa vai se tornar tensa e desagradável. Uma de muitas surpresas para as pessoas que treinamos é que conversar sobre Deus se torna tão natural quanto conversar sobre a família ou amigos.

A fim de começar a conversar sobre assuntos espirituais, fazemos perguntas às pessoas sobre sua religião de uma forma não ameaçadora. Tendo quase a certeza de estar falando com um muçulmano, eu pergunto: "Você é hindu, muçulmano, budista ou cristão?"

Se você sabe que se trata de um muçulmano, pergunte se ele é hindu em primeiro lugar. Dando outra escolha antes, a pergunta não parece tão ameaçadora como se eu dissesse: "Você é muçulmano, não é?" Em segundo lugar, há alguns hindus em nossa região. Portanto, não se esqueça de incluir opções de religiões que estão, de fato, presentes em sua região.

Em seguida, faça uma afirmação sobre as semelhanças entre a maioria das religiões. Repare que eu não digo: "Todas as religiões são iguais". Eu digo: "A maioria das religiões é muito semelhante, não é?" Quase todas as religiões são iguais, porque revelam a tentativa da humanidade para chegar a Deus através de boas ações ou atividades religiosas. Outra maneira de dizer praticamente a mesma coisa é: "Há muitas semelhanças entre nossas religiões, não há?"

A ponte Q-3 me parece irônica porque ela aproveita exatamente a mesma frase que eu costumava evitar. No início da minha carreira missionária a frase: "Todas as religiões são iguais" acabava com muitas conversas espirituais que poderiam ter sido produtivas. Agora eu aprendi a usar essa frase para fazer uma ponte para uma conversa sobre Deus.

Assim, usar uma afirmação sobre as semelhanças entre as religiões cria uma ponte, em vez de um muro. Encontrar algo de consenso é um bom ponto de partida para uma conversa. Ao começar com: "A maioria das religiões é muito semelhante", teremos a chance de, mais tarde, dizer: "O que eu acredito é diferente", e então contar a história do Evangelho.

Depois de dizer que a maioria das religiões é muito semelhante, destacamos duas semelhanças. Em primeiro lugar, todos nós estamos tentando agradar a Deus. Em segundo, todos nós estamos tentando pagar pelos nossos pecados ou obter perdão para eles. Enfatizamos o segundo ponto porque isso nos dá a oportunidade de afirmar que somos todos pecadores e a impossibilidade de pagarmos por nossos próprios pecados.

"A maioria das religiões é muito semelhante", é a afirmação que fazemos para iniciar uma conversa sobre Deus. Não faça comparações entre as religiões! Não gaste muito tempo construindo a ponte. Basta fazer o comentário e, em seguida, começar a falar sobre pecado.

Muitas vezes, a testemunha cria certa tensão na conversa à medida que a pessoa tenta fazer a transição para uma conversa a respeito de Deus. As pessoas experimentam avanços no testemunho quando conseguem começar a falar sobre Deus com o mesmo tom descontraído como se estivessem falando sobre coisas do dia a dia. Mais tarde, durante a conversa, o ouvinte do Evangelho pode enfrentar uma luta interior por causa da ação do Espírito Santo. Esse não precisa ser o caso para a testemunha à medida que ela, confiantemente, faz a transição de uma mera conversa para outra a respeito de Deus, do Evangelho e de uma decisão de comprometimento.

Variações

A pergunta sobre a religião está provando ser uma ponte natural para uma conversa sobre Deus com muçulmanos em sociedades pluralistas, e, na verdade, fortalece a ligação entre a testemunha e a outra pessoa. Contudo, em sociedades onde existe apenas uma religião oficial, a testemunha pode evitar a pergunta sobre religião, começando a conversa com o fato de que somos todos pecadores. Obviamente, depois disso vem a pergunta: "O que você está fazendo para pagar por seus pecados?"

Capítulo 5 - Fazendo a ponte para uma conversa sobre Deus

Os cristãos locais podem usar a mesma ponte, mesmo conhecendo a preferência religiosa do ouvinte? Curiosamente, muitos cristãos locais usam a mesma ponte, particularmente quando vão para regiões onde não são reconhecidos como um morador local. Eles gostam da abordagem indireta da pergunta e de como ela ajuda a construir a conversa sobre o Evangelho. Com pessoas que conhecem, alguns cristãos locais substituem a pergunta por outra diferente, como: "Você já fez suas orações?" ou "Você já deu esmolas hoje?" Esta pergunta é seguida pela afirmação: "A maioria das religiões é muito semelhante, não é?"

Tenha cuidado com variações até que você entenda por que a pergunta sobre religião funciona tão bem. Ela é eficaz porque permite estabelecer a ideia de que a maioria das religiões é muito semelhante, o que, por sua vez, cria um consenso. Também é eficaz porque nos permite lidar imediatamente com o ponto mais importante, ou seja, a questão do pecado. Em vez de lidar com os sintomas do problema (falta de alegria, de paz, de prosperidade, etc.), a ponte do Q-3 atinge a questão central de maneira eficaz e relacional.

TRÊS REAÇÕES COMUNS

Quando fazemos a ponte para uma conversa sobre Deus, as pessoas geralmente reagem de três maneiras. Em cada exemplo a seguir conduzimos a conversa de volta para a premissa básica: "Quase todas as religiões são iguais, não é mesmo?"

PRIMEIRA REAÇÃO: "SOU MUÇULMANO, MAS CREIO QUE TODAS AS RELIGIÕES SÃO BOAS".

A resposta do Q-3: Sim, a maioria das religiões é muito semelhante, não é mesmo? Todos nós estamos tentando agradar a Deus, e estamos tentando obter perdão para nossos pecados. Somos todos pecadores, não somos?

SEGUNDA REAÇÃO: "SOU MUÇULMANO (DEPOIS DISSO VEM UM SILÊNCIO)".

A resposta do Q-3: A maioria das religiões é muito semelhante, não é mesmo? Todos nós estamos tentando agradar a Deus, e estamos tentando obter perdão para nossos pecados. Somos todos pecadores, não somos?

Terceira reação: "Sou muçulmano, e você?"

A reposta do Q-3: Fui criado em um lar religioso.[15] Eu tentava de muitas formas ser uma boa pessoa para poder agradar a Deus. Entretanto, embora tentasse ser bom, eu nunca era bom o suficiente. Deus está no céu e ele é santo, mas nós estamos na terra e não somos santos. Através de nossas religiões, tentamos agradar a Deus com nossas boas ações, mas nunca é o suficiente. Nós nos levantamos e depois caímos. Levantamos e caímos. É muito frustrante, não é? A maioria das religiões é muito semelhante, não é mesmo? Todos nós estamos tentando agradar a Deus, e estamos tentando obter perdão para nossos pecados.

Se sua experiência for a terceira reação, você poderá usar a ilustração "O esforço humano não pode compensar pecados", que se encontra no Apêndice B.

---

15 Caso você não tenha sido criado em uma família religiosa, ainda pode dizer: "Eu costumava tentar agradar a Deus, mas parecia sempre falhar, e isso me deixava frustrado". Então, continue com a resposta padrão "A maioria das religiões é semelhante...".

Capítulo 6

Contando a história do Evangelho

Muitos evangelistas de muçulmanos aprenderam que as histórias de sacrifício do Antigo Testamento são um modo muito eficaz para proclamar o Evangelho a eles. No início, quando o Evangelho começou a se espalhar em nosso contexto, estávamos contando versões curtas de cinco histórias de sacrifício, concluindo com Jesus Cristo como o Cordeiro de Deus, que tira o pecado do mundo. Com o passar do tempo, descobrimos que era mais eficaz compartilhar a história de Adão e Eva, juntamente com a história do Evangelho no dia do primeiro contato. Chamamos esta história de "A primeira e a última história de sacrifício".[16] Quando encontramos pessoas abertas ao Evangelho, costumamos usar as outras histórias sobre sacrifício como material de acompanhamento.[17]

---

16 Observe que a história começa com a apresentação de Jesus e, em seguida, muda para a história de Adão e Eva, antes de recomeçar a parte final da história de Jesus. Descobrimos que começar com Jesus [ou começar falando de Jesus no primeiro encontro] nos permite compartilhar rapidamente o Evangelho, caso a limitação de tempo nos impeça de contar toda "A primeira e última história de sacrifício". Mesmo assim, começar com a história de Adão e Eva e, em seguida, contar a história de Jesus é igualmente eficaz, se o tempo não for problema.

17 As versões mais curtas das histórias que usamos para o acompanhamento de pessoas receptivas estão no Apêndice A.

A PRIMEIRA E A ÚLTIMA HISTÓRIA DE SACRIFÍCIO

PARTE UM: JESUS

Jesus, a Palavra de Deus,[18] estava no Céu com Deus desde o início. Seu nascimento neste mundo se deu através da Virgem Maria. Tanto a Bíblia quanto o Alcorão ensinam isso. Jesus nunca pecou, mesmo que tenha sido tentado de todas as maneiras imagináveis. Ele venceu os desejos de sua carne. Nunca se casou, nunca matou ninguém, nunca juntou riquezas para si mesmo.[19] Jesus uma vez jejuou por 40 dias e 40 noites enquanto foi tentado pelo diabo. Mesmo assim, nunca pecou.

Jesus realizou grandes milagres. Ele expulsou demônios e curou doentes e cegos. Jesus até mesmo ressuscitou os mortos.

É interessante que, embora Jesus ainda não fosse velho, tenha começado a profetizar sobre sua morte. Ele disse a seus seguidores: *"É necessário que o Filho do Homem [...] seja morto e, no terceiro dia, ressuscite"* (Lc 9.22).[20]

PARTE DOIS: POR QUE JESUS TEVE QUE MORRER?
(A HISTÓRIA DE ADÃO E EVA)

A resposta é encontrada na *Taurat* (o termo que os muçulmanos utilizam para denominar os cinco livros de Moisés (Gênesis a Deuteronômio). A *Taurat* nos conta sobre as primeiras pessoas que Deus criou: Adão e Eva. Deus os colocou em um paraíso perfeito, chamado Jardim do Éden. Eles receberam grande liberdade para comer os frutos de qualquer árvore no jardim, menos o fruto da árvore do conhecimento do bem e do mal. Deus os avisou que se comessem daquele fruto, eles morreriam.

---

18 Os muçulmanos vão reconhecer do Alcorão, *sura al-Imran* 3:42-55, as referências a Jesus como a Palavra de Deus, seu nascimento virginal e os milagres. Essa seção "Jesus" traça um paralelo com o método apresentado no livro *The Camel, How Muslims Are Coming to Faith in Christ!* (Richmond: WIGTake Resources, 2007) de Kevin Greeson, sem, na verdade, citar o Alcorão. O milagre de expulsar demônios não é mencionado no Alcorão.

19 Esta referência à conduta santa de Jesus o coloca em claro contraste com o profeta dos muçulmanos, que acumulou muitas mulheres, assassinatos e riqueza.

20 Embora muitos muçulmanos acreditem que Jesus não morreu, nós falamos a verdade sobre sua morte em "A primeira e última história de sacrifício". Por respeito, eles geralmente nos deixam terminar a história. Se levantarem objeções neste momento, nós tentamos demorar para responder, até depois da apresentação do Evangelho. Quando a pergunta precisa ser respondida, geralmente nos referimos às profecias do Antigo Testamento a respeito da morte de Jesus. Também mencionamos referências do Alcorão, como Sura 3:55 e 19:33-34. A primeira referência afirma claramente que Jesus morreu, e a segunda afirma a posição muçulmana de que Jesus profetizou sua morte e ressurreição: "A paz está comigo, desde o dia em que nasci; estará comigo no dia em que eu morrer, bem como no dia em que eu for ressuscitado. Este é Jesus, filho de Maria; é a pura verdade, da qual duvidam".

O pecado coberto

Um dia, Satanás visitou Eva na forma de uma serpente e a tentou para que comesse o fruto que Deus havia proibido. Ela comeu o fruto e o deu a Adão, que também o comeu. Imediatamente, eles ficaram com medo. Então, esconderam-se de Deus. Mas como Deus sabe de todas as coisas, encontrou-os e puniu Adão e Eva por sua desobediência.

A punição de Deus

Como punição por sua desobediência, Deus expulsou Adão e Eva do jardim do paraíso, e, no futuro, eles morreram. O desejo de Deus era que vivessem para sempre, mas por causa de seus pecados, eles perderam o paraíso e morreram.

É interessante que a *Taurat* diga que Adão e Eva cometeram apenas um pecado que resultou em seu julgamento e morte. Eles pareciam ser boas pessoas, provavelmente melhores do que nós. Talvez já tivessem feito centenas de boas obras. Eles não tinham matado ninguém, cometido adultério ou roubado nada. Mas desobedeceram *apenas uma vez* e isso resultou em morte. Às vezes pensamos que, se nossas boas ações predominassem sobre nossas más ações, nossos pecados seriam perdoados. Mas isso não é o que a Bíblia diz.

O Salvador prometido e roupas novas

Ainda assim Deus amava Adão e Eva. Então, criou um modo para que seus pecados fossem perdoados. Depois de pronunciar seu julgamento sobre Adão e Eva, Deus também julgou a serpente (Satanás) que os havia enganado. Prometeu que, a partir da descendência da mulher, um Salvador viria e esmagaria a cabeça de Satanás, embora Satanás também fosse machucá-lo. Ao longo dos séculos que se seguiram, muitos profetas de Deus predisseram a vinda de um Salvador que tiraria os pecados do mundo.

Então Deus fez uma coisa muito interessante. Ele trocou a roupa de Adão e Eva. Deus substituiu as roupas feitas de folhas que Adão e Eva tinham feito por novas roupas feitas de peles de animais. Claro que, para fazer essas roupas, um animal teve que morrer. A morte de um animal inocente foi o preço que Deus pagou para cobrir os pecados de Adão e Eva. Porque ele os amava, o próprio Deus ofereceu o primeiro sacrifício para o perdão dos seus pecados.

A Bíblia nos ensina que, sem derramamento de sangue, não há perdão de pecados (Hb 9.22). Desde aquele primeiro episódio, todos os nossos antepassados ofereceram sacrifícios para terem seus pecados perdoados: Adão e Eva, Caim e Abel, Noé, Abraão, Moisés, Davi e outros.

Parte três: É por isso que Jesus teve que morrer!

E então veio Jesus, nascido de uma virgem, o descendente de uma mulher. Viveu uma vida sem pecado e realizou grandes milagres. No início de seu ministério, um profeta chamado João olhou para Jesus e disse: *Eis o Cordeiro de Deus, que tira o pecado do mundo!* (Jo 1.29).

Isso é interessante, não é? Jesus foi chamado de "o Cordeiro de Deus". Por quê? Porque um cordeiro é um animal usado para o sacrifício. Você se lembra da minha pergunta: "Você sabe por que Jesus disse *'É necessário que o Filho do Homem [...] seja morto'*?" É por isso que Jesus disse: *"É necessário que o Filho do Homem [...] seja morto"*.

Jesus veio como sacrifício de Deus para pagar por nossos pecados. É por isso que ele se entregou aos líderes judeus e soldados romanos para ser crucificado. Ele era o sacrifício de Deus pelos seus e pelos meus pecados.

Enquanto estava morrendo, Jesus gritou: *"Está consumado!"* (Jo 19.30), o que significa que a nossa dívida de pecado agora tinha sido paga. Então Jesus inclinou a cabeça e morreu. Mas ao terceiro dia, ele ressuscitou dentre os mortos, assim como havia prometido. Pelos próximos quarenta dias, Jesus apareceu a mais de quinhentos de seus seguidores e, em seguida, foi levado para o céu. Sabemos que um dia Jesus voltará à Terra como juiz sobre toda a humanidade.

Conclusão: É por isso que sei que meus pecados estão perdoados

A Bíblia nos diz que se entregarmos a nossa vida a Jesus como Senhor e cremos que ele pagou por nossos pecados através do seu sacrifício e que Deus o ressuscitou dentre os mortos, os nossos pecados serão perdoados. *É é por isso que eu sei que meus pecados estão perdoados.*

CARACTERÍSTICAS DAS HISTÓRIAS DO Q-3

Isso é interessante

Observe que em "A primeira e a última história de sacrifício", uso periodicamente a frase "Isso é interessante". No Q-3 essa frase chama a atenção do ouvinte para pontos importantes que não queremos que ele perca.[21]

A primeira parte "interessante" dessa história é que Jesus profetizou sua própria morte. Em seguida, é interessante que Adão e Eva receberam a pena de morte, mesmo que tenham cometido apenas um pecado. Também é interessante que Deus mudou suas roupas, porque essa ação de Deus apresenta o tema de sacrifício nas Escrituras. Por último, é mais interessante que Jesus foi chamado de "o Cordeiro de Deus".

Perguntas de decisão: duas perguntas nos ajudam a chegar a uma decisão. Em primeiro lugar, depois de compartilhar "A primeira e a última história de sacrifício", pergunte: "Isso faz sentido, não é mesmo?" Embora não possamos pagar por nossa própria dívida de pecado, Deus criou uma maneira para nossos pecados serem perdoados através da morte sacrificial de Jesus e de sua ressurreição. Em seguida, pergunte-lhe: "Você acredita no que eu lhe disse: que Jesus morreu por nossos pecados e ressuscitou?"

---

21 Ao contar a história, sinta-se à vontade para substituir "Isso é interessante" por seu próprio slogan. Os pontos interessantes para serem enfatizados nessa história são:
1) o pecado trouxe julgamento;
2) os efeitos do pecado foram vergonha, medo e julgamento;
3) as boas obras não podem cancelar os pecados;
4) a provisão de Deus de roupas feitas a partir de um sacrifício animal prenunciou sua provisão futura de um Salvador sacrificial.

Capítulo 7

Percepções do Q-3

À medida que examinamos o padrão de evangelismo de Jesus com a mulher no poço, podemos ver o caminho de cinco passos que ele trilhou. Ao olharmos mais de perto, adquirimos mais percepções sobre o caráter de testemunho de Jesus. Ele sempre testemunhou bem. À medida que seguimos seu exemplo, faremos bem em imitar essas mesmas características.

INTENCIONAL

Como já salientamos, Jesus *teve* que ir a Samaria para testemunhar à mulher samaritana. Mesmo que tenha parecido espontâneo, foi, de fato, intencional. A testemunha que entende o Evangelho e está desejosa e preparada para compartilhá-lo terá oportunidades para fazê-lo. Deus colocará tal testemunha em contato com pessoas que necessitam ouvir o Evangelho, muitas das quais ele já preparou para recebê-lo.

Os cristãos que *planejam* compartilhar o Evangelho o fazem muito mais frequentemente do que aqueles que passivamente "esperam que o Espírito os conduza". A Palavra de Deus já nos ordenou que compartilhemos o Evangelho, portanto, o Espírito já está nos conduzindo a isso. Se formos infiéis no testemunho do Evangelho, não podemos culpar o Espírito. Prepare-se para falar dele. E então faça planos para investir tempo onde as pessoas não alcançadas estiverem, com a intenção de compartilhar o Evangelho com elas.

Há mais de seis anos, um missionário voluntário usou o Q-3 para levar a Cristo um muçulmano de meia-idade chamado Rauf. Rauf passou a plantar e a desenvolver uma rede de igrejas-lares impressionante. Logo depois de sua profissão de fé, Rauf usou o Q-3, o mesmo processo que o tinha alcançado, para levar uma mulher de sua comunidade chamada Aisha à fé em Jesus. Rauf e Aisha casaram-se mais tarde. Desde então, Aisha já levou mais de cem mulheres muçulmanas a Cristo através da multiplicação de comunidades de cristãos.

Durante as oficinas do Q-3, treinamos os participantes a compartilhar o Evangelho e, em seguida, os enviamos para colocar o treinamento em prática. Eles sabem que, depois de sair para compartilhar, nós nos encontraremos novamente em uma reunião de prestação de contas para ouvir como foi a experiência. A maioria dos participantes compartilha o Evangelho, pelo menos uma vez, imediatamente após o treinamento. Os outros geralmente o fazem logo após a primeira reunião de prestação de contas. Muitas pessoas ouvem o Evangelho através das oficinas do Q-3 porque nós nos preparamos para isso. Deus tem prazer em salvar pessoas e compartilha seu prazer com aqueles que testemunham. Deus honra a nossa obediência mais do que a nossa espontaneidade.

INFORMAL

Enquanto fazia uma caminhada de oração, um missionário envolveu-se em uma conversa casual com um muçulmano chamado Rizal. Rizal mencionou que seu sogro, em breve, iria a Meca. Quando o missionário perguntou a Rizal por que seu sogro estava planejando ir a Meca, Rizal respondeu: "Para que seus pecados sejam perdoados". Isso levou a uma conversa natural sobre o porquê das boas obras não poderem perdoar pecados. Mais tarde naquela manhã, Rizal entregou-se a Cristo como Senhor e Salvador.

A maioria das experiências de testemunho de Jesus ocorreu no curso da vida cotidiana. Em vez de esperar por uma situação religiosa formal, Jesus testemunhava informalmente. No caso da mulher samaritana, ele testemunhou ao lado de um poço, não na sinagoga.

A maioria das oportunidades de testemunho ocorre na vida cotidiana, não em ambientes religiosos. Na verdade, situações cotidianas geralmente apresentam grandes oportunidades de testemunho. O Evangelho parece mais relevante quando se apresenta no contexto da vida diária. Tais encontros de testemunho não são encenados, e a pessoa não se sente enganada ou manipulada. Quando estamos sempre dispostos a compartilhar nossa fé, Satanás tem menos oportunidades de impedir que a pessoa não alcançada receba a mensagem.

Quando usamos o Q-3, testemunhamos em todos os lugares e o fazemos com prazer. O melhor lugar para testemunhar é onde quer que você encontre pessoas. Mesmo assim, quando se planeja fazer o Q-3, os lugares onde as pessoas não se sentem pressionadas pelo relógio ou não têm uma agenda superlotada geralmente produzem as melhores oportunidades para compartilhar o Evangelho.

Enquanto você estiver em oração à procura de oportunidades de compartilhar sua fé, desfrute da experiência Q-3. Beba um refrigerante ou um chá, inicie uma conversa com alguém e compartilhe o Evangelho. Enquanto isso, você poderá transformar alguém em um novo membro da família de fé.

O Evangelho é uma ótima notícia, então compartilhe-o com alegria. Qualquer tensão na conversa durante o testemunho deve acontecer por causa da convicção causada pelo Espírito Santo, e não por causa da relutância ou nervosismo da testemunha. É divertido ser o portador de boas notícias!

O Q-3 acontece de uma maneira informal e natural. A propósito, se alguém, em qualquer lugar do mundo convidá-lo a sentar-se para uma conversa, o que eles realmente estão dizendo é: "compartilhe o Evangelho comigo".

INTERATIVO

Quando Jesus compartilhou o Evangelho com a mulher no poço, ele poderia ter apontado o dedo para ela e pregado, mas não foi isso que ele fez. Jesus nunca agiu de modo condescendente ou condenatório. Em vez disso, ele era interativo e envolvente.

De acordo com o episódio registrado no Evangelho de João, Jesus falou sete vezes e a mulher samaritana falou seis vezes durante a conversa (Jo 4.7-26). O estilo interativo de Jesus era seu padrão durante todo o encontro.

O tom inicial da conversa de Jesus com a mulher era descontraído. Alterou-se posteriormente. No entanto, a tensão não ocorreu na transição para assuntos espirituais. Pelo contrário, o tom mudou quando a conversa se tornou mais pessoal. A tensão só entrou na conversa quando surgiu a convicção, no momento em que Jesus identificou o pecado pessoal da mulher e começou a requerer uma resposta.

Um treinador do Q-3 me disse: "As pessoas de um grupo que eu treinei estavam relutantes em testemunhar. Elas me disseram que tinham tentado uma abordagem evangelística mais confrontadora e acabaram ficando traumatizadas. Depois de aprender o Q-3, porém, elas se tornaram testemunhas corajosas. Disseram que perceberam que o estilo interativo, porém, intencional, do Q-3 parecia ser mais natural para elas".

Um dos maiores desafios para a testemunha é testemunhar com o mesmo tom de voz descontraído e os mesmos maneirismos como quando se fala de coisas não espirituais. Mesmo no momento da transição para assuntos espirituais, a conversa deve manter um tom muito informal e descontraído.

Por outro lado, devemos nos lembrar de que o Evangelho de Jesus Cristo também pode produzir no ouvinte uma intensa batalha interior. Neste momento, o Espírito Santo está conduzindo a pessoa a um compromisso. Este tipo de tensão não é negativo, mas uma parte vital do processo de conversão. Para a testemunha é de suma importância não adicionar tensão através de nervosismo pessoal, argumentos desnecessários ou uma palestra maçante. Deixe o Espírito Santo fazer o trabalho de convencimento enquanto a testemunha ajuda a orientar o ouvinte para a verdade.

Se surgirem perguntas legítimas, ofereça-se para respondê-las mais tarde, mas não seja argumentativo. As pessoas raramente são ganhas para Cristo através de argumentos, não importa o quão persuasivos estes possam ser. Em vez disso, concentre-se em fazer uma apresentação simples e amável do Evangelho.

TOMANDO A INICIATIVA

Uma vez uma muçulmana muito conservadora, Jamila, veio a Cristo através do testemunho de seu marido. Desde então, utilizando o Q-3, ela alcançou centenas de mulheres muçulmanas com o Evangelho. Os esforços de Jamila levaram à formação de mais de 100 grupos, muitos dos quais se tornaram igrejas-lares. O sucesso de Jamila não é por acaso. Ela toma a iniciativa de conduzir seus relacionamentos e conversas, direcionando-os a uma apresentação do Evangelho e a uma decisão por Cristo.

Quando Jesus iniciou a conversa com a mulher no poço, ele também tomou a iniciativa a fim de direcionar a conversa para seu objetivo pretendido. Sem ser enfadonho ou condescendente, mesmo assim Jesus assumiu o papel de mestre à medida que a conversa progredia. Ele fez perguntas pontuais, que visavam conduzir a mulher ao objetivo final de uma decisão por Cristo.

As testemunhas de hoje devem imitar a abordagem de Jesus. Na construção do relacionamento, chegamos ao nível de contato pessoa a pessoa.

Capítulo 7 - Percepções do Q-3

À medida que a conversa é direcionada para o Evangelho, devemos tomar a iniciativa e o controle dela.

Chamamos isso de *condução da conversa*. As pessoas que usam o Q-3 de maneira mais eficaz percebem o equilíbrio adequado entre interação e iniciativa. Interação em excesso coloca a conversa nas mãos da pessoa a ser alcançada. Os não alcançados raramente vão conduzir a conversa em direção à sua necessidade de salvação. É dever da testemunha fazer isso acontecer.

Jesus conduziu a conversa no poço. Muitas vezes, a mulher levantou questões que não estavam direcionadas ao plano de Jesus, então ele, gentilmente, redirecionou a conversa. Jesus concentrou-se apenas em questões relativas ao Evangelho. Olhe novamente a passagem e veja como Jesus conduziu a conversa. Observe que ele poderia naturalmente ter dito algo em resposta às declarações dela, mas escolheu liderar em vez de apenas bater papo.

Vamos voltar a João 4.7-26 para ver como Jesus fez isso. Quando vemos a mulher pela primeira vez, ela está cuidando de seus próprios afazeres, até que Jesus lhe pede água para beber (v.7). Em vez de discutir as diferenças culturais e religiosas, ele traz à tona o tema sobre a Água Viva (v.10). Em vez de debater se ele era maior do que Jacó, Jesus permanece no tema da Água Viva (vv.12-14). A iniciativa mais interessante de nosso Salvador é quando a mulher lhe pede a água viva (v.15). Em vez de conceder-lhe seu pedido, ele lhe diz para chamar seu marido. Além disso, Jesus ensina sobre a adoração em espírito e em verdade, em vez do tema preferido da mulher, o lugar de adoração. Finalmente, Jesus deixa que a mulher decida para onde a conversa vai, porque chegou onde ele queria levá-la. "Eu sou o Messias! Eu, que estou falando com você" (v.26).

APRESENTANDO O MESSIAS

À medida que o testemunho de Jesus avança, a mulher samaritana torna-se cada vez mais ciente de quem é Jesus. Seu entendimento sobre ele passa de Jesus ser um judeu (v.9), para talvez ser maior do que Jacó (v.12), para ser um profeta (v.19), para ser o Messias (vv.25-26). O objetivo de Jesus é ajudar todas as pessoas a compreenderem que ele é o Salvador prometido. Da mesma maneira, este é o objetivo de toda conversa evangelística.

Jesus testemunhou à mulher samaritana antes que sua morte sacrificial e ressurreição ocorressem. Mesmo assim, ele se apresentou como o Messias.

Muitos judeus naqueles dias aguardavam um libertador messiânico, aquele que iria restaurar a glória de Israel. O entendimento da samaritana teria sido um pouco diferente. Ela esperava que, além de ser um libertador, o Messias fosse também uma fonte de verdade.

O que significa para nós compartilhar o Messias com os outros hoje? Jesus deu uma resposta clara aos seus discípulos depois de sua ressurreição em Lucas 24.44, 46-48.

> *A seguir, Jesus lhes disse: "São estas as palavras que eu vos falei, estando ainda convosco: importava se cumprisse tudo o que de mim está escrito na Lei de Moisés, nos Profetas e nos Salmos". [...] e lhes disse: "Assim está escrito que o Cristo havia de padecer e ressuscitar dentre os mortos no terceiro dia e que em seu nome se pregasse arrependimento para remissão de pecados a todas as nações, começando de Jerusalém. Vós sois testemunhas destas coisas".*

Jesus comissionou suas testemunhas a proclamarem que o Cristo devia sofrer por nossos pecados, morrer e ressuscitar. Aqueles que se arrependem e creem neste Evangelho têm o perdão de seus pecados. Este é o Evangelho que Jesus proclamou após a sua ressurreição. Esta é também a mensagem pregada por Paulo e os apóstolos (1Co 15.1-4). O apóstolo Pedro repetiu a mesma mensagem em 1 Pedro 3.18. Este é o mesmo Evangelho que devemos compartilhar hoje.

Ali tornou-se um evangelista de muçulmanos muito eficaz que compartilha o Evangelho imediatamente com todos os que encontra. Ele relata que, alguns anos atrás, antes de depositar sua fé em Cristo, havia aceitado um emprego em uma cidade que era muito longe de sua casa. Enquanto estava naquela cidade, Ali se encontrou várias vezes com um missionário que morava lá. Cada vez que se encontravam, o missionário compartilhava algumas verdades bíblicas com ele. Porém, depois de vários encontros, o relacionamento terminou. Agora Ali olha para aquele relacionamento e, com certa tristeza em sua voz, diz: "Aquele missionário nunca compartilhou o Evangelho comigo". Compartilhar verdades bíblicas é bom, mas se não conseguirmos apresentar o Messias, perdemos a essência do Evangelho.

Testemunhos pessoais sobre paz e amor, comentários sobre a sabedoria e poder de Jesus, e discussões sobre os livros sagrados de outras religiões, às vezes, podem ser benéficas. Mas lembre-se: somente o Evangelho tem o poder para salvar. Por esta razão, o Evangelho deve ser a mensagem principal que as testemunhas compartilham. Seja o portador das melhores notícias, a notícia de que o pecado foi pago!

RETENHA O QUE APRENDEU:
Percepções do Q-3

Intencional

Informal

Interativo

Tomando a iniciativa

Apresentando o Messias

Dicas de comunicação do Q-3

Juntamente com as percepções do Q-3, aqui estão algumas dicas práticas de comunicação que o ajudarão a tornar-se uma testemunha de Cristo mais eficaz.

Fale a língua da pessoa

Ajustes na comunicação são responsabilidade do comunicador, não do ouvinte. Portanto, planeje ajustar o modo com o qual você se comunica a fim de ser ouvido com o mínimo de mal-entendido possível.

No caso dos missionários voluntários de curto prazo, um tradutor pode ajudar a vencer as barreiras linguísticas. O tradutor deve ser treinado para evitar terminologias que possam ser mal interpretadas pelo ouvinte. O objetivo é explicar quem é Jesus de acordo com as Escrituras e, ao mesmo tempo, utilizar termos religiosos conhecidos por parte do ouvinte. Desta maneira, a pessoa realmente ouvirá o Evangelho, em vez de encerrar a conversa antes que o Evangelho seja apresentado.

Mesmo que a abordagem evangelística possa variar dependendo de quem está sendo evangelizado, não permita que a complexidade do testemunho para tipos diferentes de pessoas o impeça de compartilhar com elas. É muito mais importante que a pessoa a ser alcançada ouça e entenda o Evangelho do que você entenda todas as coisas que tornam a religião e a cultura dela tão singular.

Ouça o que as pessoas acreditam

Fazer perguntas pessoais constrói o relacionamento que é necessário para o bom testemunho. No início de uma conversa evangelística é importante deixar a outra pessoa falar mais, porque mais tarde você vai conduzir a conversa. Quando você faz muitas perguntas para envolver a outra pessoa na conversa, a pessoa a quem você está testemunhando, mais tarde, provavelmente ouvirá de maneira educada o que você tem para compartilhar sobre o Evangelho.

Ser "um pouquinho burro" é realmente melhor do que ser "muito esperto". Demonstrar saber muito sobre a religião e a cultura do outro muitas vezes faz com que a pessoa a quem se está testemunhando sinta-se desconfortável. Isso pode levá-lo a levantar a guarda. A melhor maneira de aprender sobre uma pessoa é perguntar-lhe sobre ela e sobre o que acredita. Fazer perguntas não só lhe ensina em que a pessoa acredita e o que a torna única, mas lhe permite adequar seu testemunho àquele indivíduo em particular.

Mostre respeito

Quando você testemunha com frequência, pode se tornar alguém orientado para a tarefa evangelística, em vez de orientado para pessoas. Discipline-se a desfrutar de cada experiência de testemunho como alguém que esteja compartilhando com outra pessoa notícias maravilhosas.

Mantenha em mente que a pessoa a quem você está testemunhando não é um alvo de evangelismo, ela é uma pessoa. De fato, ela é uma pessoa perdida. Lembre-se de que você também era perdido. Assim, compreenderá esta situação. Ricos ou pobres, bons ou maus; isso é irrelevante. A pessoa está na mesma condição de toda a humanidade – pecador necessitando de Salvador.

Capítulo 8

As tentações que acabam com a eficácia

Em João 4.35, Jesus disse: *"... erguei os olhos e vede os campos, pois já branquejam para a ceifa"*. Isso nunca foi tão verdade quanto nos dias de hoje. À medida que entramos nesses campos de colheita, encontramos uma série de tentações que Satanás usa para atrapalhar o nosso ministério e impedir uma colheita farta.

Uma colheita frutífera requer planejamento e esforços deliberados. Ceifeiros bem-sucedidos aprenderam a identificar e superar as tentações que Satanás envia em sua direção a fim de atrapalhar a colheita. Deixe-me compartilhar com você algumas das "tentações" que tivemos que identificar e superar, a fim de chegarmos a uma colheita frutífera.

A TENTAÇÃO DE SERMOS CUIDADOSOS DEMAIS

Quando os missionários se preparam para entrar em países que são hostis ao Evangelho às vezes ouvem: "Seu objetivo é viver entre as pessoas por um longo tempo, por isso não seja muito agressivo quando compartilhar o Evangelho ou poderá ser deportado. Pior ainda, você poderá fazer com que todos nós sejamos expulsos!"

Ficamos com medo do que *possa vir a acontecer* se compartilharmos o Evangelho com ousadia. Paralisados pela incerteza, perdemos as oportunidades de testemunhar. Embora a perseguição seja real, ela nunca deve impedir a obediência à Grande Comissão. A maioria dos "e se eu..." são realmente desculpas fornecidas pelo inimigo visando sufocar o testemunho cristão.

A tentação de ser excessivamente cauteloso não é nova. Em Atos 4.29s, depois de sua prisão, Pedro orou assim: *... agora, Senhor, olha para as suas* *ameaças e concede aos teus servos que anunciem com toda a intrepidez a tua palavra.* Pedro e a igreja primitiva identificaram a perseguição como de origem providencial, e oraram por maior ousadia para compartilhar as Boas Novas!

O ponto de virada para o meu próprio ministério veio quando decidi compartilhar o Evangelho com qualquer pessoa, em qualquer lugar, a qualquer hora. Coloquei os resultados e consequências nas mãos de Deus e obedeci. Como resultado, os novos cristãos adquiriram essa mesma atitude e compartilharam o Evangelho, livres das correntes do medo.

A tentação: Coisas ruins podem acontecer, então, eu devo ser realmente muito cuidadoso com relação a testemunhar.

O antídoto: Avalie as condições de segurança de maneira realista. Depois de contabilizar os custos, compartilhe o Evangelho com mais liberdade. Deus é soberano sobre todas as coisas. Se coisas ruins acontecerem, elas provavelmente acabarão facilitando o crescimento do Reino no final de tudo.

A TENTAÇÃO DE SERMOS REALMENTE INTELIGENTES

Talvez você tenha ouvido o aviso: "Você não pode compartilhar o Evangelho aqui da mesma maneira que faz no seu país de origem". Este aviso implica que os obreiros cristãos devem conhecer muito bem a cultura e a religião do povo-alvo antes que possam compartilhar o Evangelho. *Evangelismo realmente inteligente* espera que todo evangelista eficaz seja um especialista e uma testemunha empreendedora.

Aulas sobre missões cristãs, às vezes, salientam os erros bobos que os obreiros cristãos têm cometido em seus ministérios. Ninguém quer ser o exemplo do uso de técnicas idiotas que, mais tarde, se tornam estudos de caso do que um obreiro cristão não deve fazer no campo. De fato, o medo de cometer erros pode facilmente inibir nosso zelo evangelístico.

Ironicamente, descobrimos que quando se trata de evangelismo, ser um tanto "burro" pode ser melhor do que ser muito inteligente. Revelar um grande conhecimento sobre a cultura local pode provocar resistência nos muçulmanos com quem você está compartilhando. Usar uma abordagem do Q-3 e fazer perguntas, mesmo quando você já sabe a resposta, estabelece uma relação de respeito mútuo.

Capítulo 8 - As tentações que acabam com a eficácia   61

Afinal, qual é a melhor maneira de se aprender sobre uma nova cultura do que passar tempo com as pessoas? É assim que o Q-3 começa, perguntando aos moradores locais em que eles acreditam. À medida que ouve e aprende, você vai se tornar mais eficaz em compartilhar o Evangelho.

Ali é um evangelista muito habilidoso que costumava usar diferentes versos do Alcorão como ponte, muitas vezes fazendo até três visitas para, então, chegar ao Evangelho. Hoje, ele está confiando no poder do Evangelho para encontrar pessoas receptivas. Ali diz: "Eu costumava usar o Alcorão como ponte, mas com o Q-3 não tenho mais que adivinhar quem vai estar aberto para o Evangelho". Ele frequentemente leva muçulmanos conservadores à fé em Cristo, os quais ele imediatamente batiza. Os frutos do trabalho de Ali agora são vistos em várias gerações de novos convertidos, com cada uma usando o Q-3 como o seu método padrão de Evangelismo.

A tentação: Devo entender muito bem a cultura e a religião do meu povo--alvo antes de compartilhar o Evangelho com as pessoas.

O antídoto: O Evangelho é relevante em qualquer contexto. Então, aprenda tudo o que puder sobre a sua comunidade e, enquanto isso, compartilhe o Evangelho com frequência. A natureza interativa do Q-3 é uma ótima maneira de aprender mais sobre a cultura e as crenças religiosas do povo-alvo enquanto você testemunha.

A TENTAÇÃO DE FAZER AMIZADES

Quanto tempo leva para desenvolvermos uma amizade e ganharmos a atenção de alguém? Meu amigo Bill veio a mim recentemente com esse dilema: "Conheço meu amigo muçulmano há seis meses. Quando devo compartilhar o Evangelho com ele?"

A tentação de fazer amizade supõe: "Eles devem gostar de mim antes de gostarem do meu Jesus". Pensamos que, por fazer amizade antes com as pessoas, elas vão saber que realmente nos preocupamos e não estamos apenas tentando impor nossa religião sobre elas.

Compare essa atitude com a do meu colega Kevin, que recentemente disse: "Até onde sei, todos os meus amigos já ouviram o Evangelho". Kevin já foi menos eficaz enquanto passava muito tempo desenvolvendo amizades antes, mas agora ele compartilha o Evangelho imediatamente.

Evangelismo por amizade levanta mais perguntas do que respostas. "Será que meu testemunho colocará pressão sobre o relacionamento que até agora tenho trabalhado tão duro para desenvolver? Será que meu amigo se perguntará por que esperei tanto tempo para compartilhar com ele? Será que meu amigo estará aberto ao Evangelho quando eu compartilhar com ele?"

Ser amigo é ótimo, mas alguém que está perdido não precisa ter que se tornar meu amigo pessoal para me ouvir falar sobre Jesus. Posso ser introvertido ou não ser muito sociável. Podemos ter personalidades e interesses diferentes. Eles podem não ter tempo para se tornar meus amigos. Eles podem se sentir mais confortáveis ao se relacionarem mais intimamente com alguém de sua própria cultura. Talvez eu os intimide. Mesmo assim, todos merecem ouvir o Evangelho. Afinal de contas, pode ser que eu nunca mais os veja novamente.

Evangelismo por amizade também falha na prática. Para construir amizades, são necessários muito tempo e energia. Quanto tempo levaria para alcançar o mundo através do Evangelismo por amizade, se demorarmos tanto tempo para chegar ao Evangelho? A verdade é que só podemos manter um número limitado de amizades profundas.

Se compartilharmos o Evangelho imediatamente, podemos ter certeza de que aqueles que se tornam nossos amigos vão conhecer o Evangelho e conhecer nosso compromisso com ele. Caso contrário, poderemos passar anos desenvolvendo uma amizade antes de compartilhar o Evangelho até descobrir que o nosso amigo não está interessado.

Estamos descobrindo que, quando compartilhamos o Evangelho imediatamente com as pessoas perdidas, elas chegam à fé em Cristo com mais frequência do que quando demoramos ou apenas compartilhamos com elas passo a passo ao longo de um período de tempo. Deus os está tirando do pré-evangelismo para a fé sincera, muitas vezes no primeiro encontro. Isso pode parecer ilógico, mas revela o trabalho do Espírito Santo convencendo e regenerando os perdidos.

A tentação: Vincule a amizade ao compartilhar do Evangelho. Adie o testemunho do Evangelho até que uma sólida amizade tenha sido desenvolvida.

O antídoto: Seja amigável e compartilhe o Evangelho no início de todo relacionamento. Os melhores amigos são aqueles que ouviram o Evangelho e, mesmo assim, quiseram ficar ao nosso lado. Se alguém se afastar de nós por causa do Evangelho, ele provavelmente não se tornaria um amigo muito bom

Capítulo 8 - As tentações que acabam com a eficácia

de qualquer maneira. Por outro lado, se alguém ouvir o Evangelho através de nós e, ainda assim, quiser ser nosso amigo, é um bom sinal de que pode estar aberto para o Evangelho e tornar-se um bom amigo também.

A TENTAÇÃO DE SER UM EXEMPLO SILENCIOSO

Outra tentação é confundir bom comportamento cristão com a comunicação do Evangelho. Bons cristãos mostram o amor de Cristo através de suas ações. Mas se pensarmos: "As pessoas vão ver as minhas boas ações e vão perguntar por que minha vida é diferente", estamos provavelmente nos enganando. Mesmo que a ideia pareça boa, com que frequência os perdidos se aproximam de um cristão pedindo-lhe para que compartilhe o Evangelho com eles? É raro. Este é o problema com o "ser um exemplo silencioso": coloca a responsabilidade do testemunho sobre os perdidos e não sobre nós.

Embora as pessoas devam ver características semelhantes às de Cristo em nós, quando nos examinarem mais de perto elas vão, sem dúvida, ver nossas falhas gritantes também. Mesmo aqueles mais próximos a Jesus, os primeiros discípulos, que poderiam fazer a melhor reivindicação à semelhança de Cristo, obedientemente compartilharam o Evangelho. O estilo de vida deles era compatível, mas não substituía a proclamação do Evangelho.

A verdade é que as pessoas são salvas apenas quando ouvem o Evangelho (Rm 10.14-17). Sim, elas podem ler o Evangelho para si mesmas e ser salvas, mas não irão lê-lo em nossas vidas a não ser que, talvez, tenha sido escrito em nossa roupa. A salvação requer uma apresentação do Evangelho. Sua vida, não importa o quão boa seja, não substitui uma apresentação do Evangelho.

A tentação: Pensar que viver uma vida piedosa é tão bom quanto compartilhar o Evangelho.

O antídoto: Viver uma vida piedosa enquanto, alegremente, compartilhamos o Evangelho com qualquer pessoa, em qualquer lugar, a qualquer hora.

A TENTAÇÃO DE SER REALMENTE GENEROSO

Os cristãos são pessoas generosas. De graça recebemos e, por isso, damos livremente. No entanto, quando conectamos o compartilhar do Evangelho com suprir as necessidades físicas daqueles que estão perdidos, corremos o risco de confundir as duas coisas. As necessidades físicas estão aqui hoje, e se vão amanhã. A salvação eterna é para sempre. Embora seja perfeitamente adequado integrar o ministério de ação social com o testemunho do Evangelho, nunca devemos adiar o compartilhar do Evangelho até que sejam atendidas as necessidades físicas.

Mesmo nos dias de Jesus este desafio existia. Depois de Jesus alimentar cinco mil, houve alguns que vieram segui-lo pelas razões erradas. Jesus disse: *"Em verdade, em verdade vos digo: vós me procurais, não porque vistes sinais, mas porque comestes dos pães e vos fartastes"* (Jo 6.26). O propósito do milagre de Jesus, e do ministério de ação social hoje, é fazer as pessoas olharem para Jesus como o Cristo, o Filho de Deus (Jo 20.31).

Embora as pessoas possam ser alcançadas através de ministérios de ação social, muitas vezes percebemos que os beneficiários da ajuda confundem interesse genuíno em Cristo com um desejo por ajuda e serviços. Isso se torna evidente quando eles perdem seu interesse espiritual tão logo a ajuda monetária cessa.

Um dos nossos colegas, chamado Lucas, aprendeu muito bem o idioma local e usou o plano de desenvolvimento de comunidade como plataforma para compartilhar o Evangelho durante a maior parte da sua primeira temporada no campo missionário. Apesar dessas vantagens, Lucas viu pouquíssimos frutos evidentes de seu esforço evangelístico, embora desesperadamente desejasse vê-los. Depois de receber um curso intensivo de Q-3, começou a proclamar o Evangelho de maneira mais rápida e recolher a rede intencionalmente. Dentro de meio ano, dezenas de pessoas haviam professado a fé em Jesus e sete novos grupos foram formados.

Estamos descobrindo que os melhores discípulos são aqueles que respondem ao Evangelho porque estão com fome de justiça. Eles se submetem a Cristo como Senhor. Ao usar Q-3, estamos encontrando centenas de pessoas que estão "vendendo tudo" para seguir Cristo, sem qualquer esperança de pagamento de nossa parte. Deus se torna o seu tesouro, e eles acabam suprindo as necessidades pessoais uns dos outros como corpo de Cristo.

A tentação: Dê às pessoas emprego ou benefícios e satisfaça suas necessidades físicas para que se tornem abertas à mensagem do Evangelho.

O antídoto: Compartilhe o Evangelho incondicionalmente, enquanto ajuda os necessitados amorosa e discretamente. Como o apóstolo Paulo

Capítulo 8 - As tentações que acabam com a eficácia 65

disse: ... *enquanto tivermos oportunidade, façamos o bem a todos, mas especialmente aos da família da fé* (Gl 6.10).

A TENTAÇÃO DE SER REALMENTE ENCARNACIONAL

Em uma abordagem encarnacional, um missionário procura tornar-se parte significativa da comunidade através da adoção da cultura e do idioma locais. Isso é muito bom, mas também pode levar a uma busca interminável por aceitação como pré-requisito para o testemunho do Evangelho.

Todo cristão deve esforçar-se para viver uma vida cristã em sua comunidade e ser um exemplo de santidade perante o povo que espera alcançar. Afinal de contas, não era Jesus um missionário encarnacional? Bem, sim e não. Jesus, de fato, viveu uma vida de modo encarnacional, mas *não* foi assim que ele cumpriu sua missão!

Se o objetivo principal de Jesus era alcançar de forma encarnacional sua própria comunidade, então ele falhou. Jesus viveu por cerca de 30 anos como um homem perfeito na Galileia antes de iniciar seu ministério público. Seu próprio estilo de vida era cheio de perfeita sabedoria e modelou uma vida perfeita. E, no entanto, até depois da ressurreição, quase todas as pessoas de sua comunidade o rejeitaram.

Os próprios familiares de Jesus concluíram que ele estava fora de si (Mc 3.21), seus vizinhos o viam apenas como nada mais do que um filho de carpinteiro ou um membro comum da comunidade, o que levou Jesus a concluir: *"Não há profeta sem honra, senão na sua terra, entre os seus parentes e na sua casa"* (Mc 6.4).

Jesus viveu de maneira encarnacional, mas cumpriu sua missão de maneira relacional e exponencial. Jesus foi além de sua comunidade local para alcançar discípulos e cumprir sua missão.

Em João, capítulo um, vemos como Jesus realizou essa missão. O próprio Jesus chamou seus primeiros discípulos, André e João. Depois, André apresentou seu irmão Pedro a ele. Jesus, então, conduziu Filipe à fé, e Filipe conduziu seu amigo Natanael. Essas ocorrências, relatadas em João 1.35-51, nos mostram que, enquanto Jesus alcançou a primeira geração de convertidos, estes, em seguida, alcançaram sua própria rede de amigos e familiares, o que a Bíblia chama de seu *oikos*.[22]

---

22 *Oikos* é a palavra grega para família estendida. Referia-se à família imediata, parentes, amigos e conhecidos de alguém dentro de sua esfera de influência.

As missões encarnacionais podem errar o alvo quando um missionário se satisfaz com a evangelização da primeira geração. Jesus foi mais longe, treinando a primeira geração de convertidos a alcançar seus *oikos*. A primeira geração deve evangelizar a segunda e assim por diante, até que gerações multiplicadoras sejam alcançadas.

A falha básica de aplicação do princípio do evangelismo encarnacional aos obreiros transculturais é que o obreiro transcultural deixou seu próprio *oikos* para trabalhar em uma comunidade cultural diferente, na qual ele não tem família ou *oikos*. A solução de Deus para suprir esta falta é levantar pessoas de paz – pessoas preparadas pelo Espírito Santo para receber o Evangelho – que virão à fé por meio do testemunho do obreiro estrangeiro e, em seguida, levarão o Evangelho ao seu próprio *oikos*.

A tentação: A vida encarnacional torna-se um fim em si mesmo. Tornar-se *igual a* alguém da comunidade adotada passa a ser primordial, ao passo que compartilhar o Evangelho torna-se secundário.

O antídoto: Testemunhe de maneira abrangente, tanto dentro quanto fora de sua comunidade a fim de encontrar pessoas de paz. Quando encontrar essas pessoas de paz, treine-as para que alcancem seus próprios *oikos* e comunidades com o Evangelho.

A TENTAÇÃO DE SER REALMENTE OCUPADO

Ser ocupado é certamente melhor, em quase todos os casos, do que ser preguiçoso. É verdade que preguiçosos provavelmente não levarão muitas pessoas à fé em Cristo, mas tampouco as pessoas extremamente ocupadas. Isto é, a menos que, intencionalmente, reservem um tempo para compartilhar o Evangelho.

O problema de ser ocupado é que fazer coisas boas pode tirar tempo e energia do fazer as melhores coisas. Porque testemunhar não é algo natural para a maioria das pessoas, devemos priorizar e planejar tempo para estar onde as pessoas estão, a fim de compartilhar o Evangelho. Algumas das pessoas mais prováveis para levar outros à fé preencheram seus horários com boas práticas, mas não as melhores.

Para muitas pessoas estar ocupado torna-se uma "saída" para não fazer evangelismo. Temos a tendência de arranjar tempo para as coisas que gostamos e de adiar em fazer aquilo que tememos. Por isso, muitas vezes preenchemos nossos horários com ações relacionadas ao que fazemos melhor e aos nossos dons mais evidentes, enquanto negligenciamos o que seja, talvez, a mais urgente ordem de Cristo para todos os cristãos, *"... sereis minhas testemunhas"* (At 1.8b).

É assustador pensar em quantas pessoas não compartilham o Evangelho porque "não têm tempo". Muitos cristãos bem-intencionados decidem compartilhar o Evangelho com mais frequência, mas falham neste novo propósito porque não param de fazer algo importante a fim de começar a compartilhar o Evangelho mais intencionalmente. O que você vai parar de fazer a fim de compartilhar intencionalmente o Evangelho com mais frequência? Boas coisas acontecem no Reino de Deus quando substituímos as coisas boas pela "coisa principal".

A tentação: Fazer coisas boas impede que façamos a "coisa principal" (evangelismo).

O antídoto: Substitua alguma atividade menos importante, reservando tempo para praticar o Q-3 e treinar outros a fazê-lo.

QUEIMANDO A COLMEIA

Na natureza, uma vez que uma abelha pica uma pessoa, a abelha morre. Em missões, essas "ferroadas" (tentações) podem continuar por anos. A solução é incendiar a colmeia! As dicas a seguir irão ajudá-lo a superar essas ferroadas e seguir em frente.

A AUDIÊNCIA FOI CONQUISTADA

Cada uma das "ferroadas" mencionadas anteriormente pressupõe que os cristãos devem conquistar a audiência para o Evangelho. Na verdade, Cristo já conquistou esse direito. Quando pagou por nossos pecados, ele também conquistou o direito para nós compartilharmos o Evangelho. Cristo nos deu a autoridade para *"pregai o evangelho a toda criatura"* (Mc 16.15).

O Evangelho salva, não por causa dos mensageiros perfeitos, mas por causa do Senhor digno que o cumpriu.

Porque eles estão professando a fé

Recentemente, no país asiático onde sirvo, pesquisamos os cristãos de origem muçulmana fazendo a seguinte pergunta: "O que Deus usou para trazê-lo à fé em Cristo?" Esperávamos ouvir uma série de razões para esta mudança de vida radical.

A resposta mais comum foi que – pela primeira vez – alguém lhes tinha contado a mensagem do Evangelho, que Jesus morreu como um sacrifício para o perdão dos seus pecados. Muito simplesmente, esses muçulmanos deram suas vidas a Cristo porque ouviram o Evangelho e foram convidados a entregar-se a ele.

As pessoas vêm para a fé porque *ouvem* o Evangelho e são convidadas a responder a ele. Não há nenhum substituto para o evangelismo direto pessoal.

O Evangelho é o filtro

A única maneira de saber quem está aberto ao Evangelho é compartilhá-lo com as pessoas e ver quem responde favoravelmente. A filiação religiosa, vestuário, linguagem corporal e intuição são substitutos muito fracos. Depois de compartilhar o Evangelho, você saberá, dentro de minutos, em vez de dias ou meses, se a pessoa está aberta e receptiva.

Depois de compartilhar o Evangelho usando "A primeira e a última história de sacrifício" (veja Capítulo 6), nós fazemos duas perguntas para recolher a rede. A segunda pergunta: "Você acredita nisso?" é a pergunta filtro. Enquanto suas expressões faciais e linguagem corporal podem dar algum indício de seu interesse ou da falta dele, você nunca realmente saberá se eles acreditam no Evangelho até que lhes faça essa pergunta.

Duas perguntas para medir a receptividade

1. Essa história faz sentido, não é mesmo? Não podemos pagar por nossos próprios pecados, mas Deus resolveu a questão do perdão dos pecados através do sacrifício de Cristo.

2. Você crê nisso?

Faça evangelismo, não pré-evangelismo

Em nosso país, tentamos compartilhar o Evangelho com os muçulmanos em nosso primeiro encontro com eles. Fazendo isso, percebemos que eles estão muito mais propensos a dizer sim a Jesus do que quando esperamos para compartilhar o Evangelho mais tarde, quando o relacionamento está mais sólido.

Antes de passar a ter fé em Cristo, Jamaal tinha sido um militante da Jihad. Um cristão recentemente batizado colocou de lado seu medo de se aproximar dele com o Evangelho e Jamaal entregou-se a Cristo. Juntos, esses dois homens e mais um amigo formaram uma equipe que dentro de seis meses levou 200 pessoas à fé em Cristo e começaram 12 novas igrejas-lares.

Se Jesus e seus apóstolos rotineiramente evangelizavam em seu primeiro encontro com alguém, nós também podemos. Os três primeiros passos do Q-3 preparam o cenário para o Evangelho, assim dentro de 10 a 15 minutos depois de dizer "Olá", você pode compartilhar o Evangelho.

Parte 3

CHAVES PARA O SUCESSO DO Q-3

Capítulo 9

Motivações

Os primeiros discípulos de Jesus tinham muito em comum com os discípulos de hoje. Assim como eles, nós precisamos de motivação para testemunhar e um exemplo a seguir. Foi por isso que Jesus convidou seus discípulos para participarem de sua experiência de testemunho com a mulher no poço (Jo 4.1-45). Isso também explica por que o Espírito Santo fez com que João registrasse a lição para os discípulos de Jesus hoje. No caso da mulher no poço, Jesus modelou cinco motivações que inspirariam seus discípulos a testemunharem para qualquer pessoa, em qualquer lugar, a qualquer hora. Ele usou a analogia da colheita para explicar.

Paixão pela colheita

Enquanto Jesus estava se preparando para testemunhar a uma mulher perdida, seus discípulos foram até a cidade para comprar comida (Jo 4.8). Enquanto foram, eles perderam a oportunidade de participar do testemunho de Jesus.

Quando retornaram de sua refeição, os discípulos encontraram Jesus violando duas tradições judaicas profundamente enraizadas:

1. Judeus não se relacionam com os samaritanos, e

2. Homens não falam com mulheres em público.

Incertos de como reagir, eles ofereceram a Jesus algo para comer.

Mas Jesus já havia "comido". Parece que o Salvador sempre "levava consigo" seu almoço e tinha acabado de terminá-lo. *A minha comida consiste em fazer a vontade daquele que me enviou e realizar a sua obra* (Jo 4.34). Jesus preferia testemunhar a comer! Isso modelou para os discípulos sua paixão pela colheita. Da mesma forma que você ou eu *temos* que tomar sorvete ou comer nossa comida favorita, Jesus *tinha* que testemunhar. Era sua paixão.

A paixão pela colheita imediatamente traz à minha mente um cristão de 80 anos, da quarta geração, de origem muçulmana, chamado Yahya, que conduziu seu amigo Musa a Cristo. Musa tinha 83 anos! Este imediatamente sentiu uma preocupação pelos membros de sua família que estavam perdidos e andou em sua bicicleta velha e enferrujada quase 35 km até o vilarejo próximo para compartilhar o Evangelho com eles.

Pressão da colheita

Jesus incutiu nas mentes dos seus discípulos a urgência da colheita. *"Não dizeis vós que ainda há quatro meses até à ceifa? Eu, porém, vos digo: erguei os olhos e vede os campos, pois já branquejam para a ceifa"* (Jo 4.35). Se os discípulos não assimilassem a intensidade da necessidade de testemunhar, as pessoas iriam perecer, da mesma maneira que o trigo muito maduro perece quando a colheita é adiada.

Assim como era época de colheita para os discípulos de Jesus, agora é o momento para os discípulos de hoje testemunharem com muita urgência. Todos os dias, milhares perecem, muitos dos quais seriam abertos ao Evangelho se apenas pudessem ouvi-lo. De acordo com Jesus, a pressão deve ser sentida. É tempo de colheita.

Promessa da colheita

A promessa da colheita é que a semeadura leva à colheita. Jesus demonstrou a seus discípulos que tanto semear quanto colher era de responsabilidade de cada discípulo. Jesus disse: *"O ceifeiro recebe desde já a recompensa e entesoura o seu fruto para a vida eterna; e, dessarte, se alegram tanto o semeador como o ceifeiro"* (Jo 4.36).

O objetivo da colheita nunca é apenas a semeadura. Somente um agricultor muito tolo semearia um campo que ele nunca tivesse a intenção de colher. Pior ainda seria apenas remover as pedras do campo, de modo que alguns cristãos futuros pudessem semear ou colher. Semear é trabalho difícil, duro e cansativo, mas a promessa de uma colheita faz com que tudo valha a pena.

Em cada encontro evangelístico semeie e colha cheio de esperança. Jesus ensinou aos seus discípulos que uma colheita pode amadurecer durante a noite (Mc 4.26-29). Em outros momentos, podemos colher o fruto do trabalho de outro trabalhador (Jo 4.37).

Gosto de contar às pessoas a história de quando eu e quatro companheiros locais compartilhamos o Evangelho com vários muçulmanos em uma área onde não havia cristãos ou igrejas. Da nossa perspectiva, nada excepcional aconteceu naquele dia. Não houve decisões aparentes por Cristo.

Mais de um ano depois, no entanto, dois missionários voluntários foram para a mesma área e compartilharam o Evangelho usando o Q-3. Dentro de meia hora, o Senhor fez com que eles tivessem contato com um homem a quem nós tínhamos compartilhado dois anos antes. Enquanto conversavam, o homem lhes disse: "Cerca de um ano atrás, alguém compartilhou estas Boas Novas comigo e deu-me um pequeno folheto. Eu o leio quase todas as noites desde então". Ele, então, orou para receber Cristo.

Celebramos juntos com muita alegria. Nos dias que se seguiram, o homem foi batizado e alcançou sua família com o Evangelho, formando a primeira igreja em sua região.

Produção da colheita

A multiplicação faz parte da criação. Cada pé de trigo contém sementes suficientes para produzir várias novas plantas. Cada planta resultante tem o mesmo potencial para a reprodução de muitas outras gerações.

As pessoas têm o mesmo potencial de produção. Ao ouvir as Boas Novas sobre Jesus, o Messias, a mulher no poço deixou seu pote de água e testemunhou aos seus amigos (Jo 4.29). A Bíblia diz que ela chamou seus amigos para virem e conhecerem Jesus (Jo 4.28s). *Muitos samaritanos daquela cidade creram nele, em virtude do testemunho da mulher...* (Jo 4.39).

Foi um investimento de tempo que valeu a pena, pois, depois da visita não planejada, Jesus e seus discípulos passaram dois dias em Samaria a fim de capacitar as pessoas de paz para alcançarem para Cristo seus respectivos *oikos* (família estendida e amigos).

Meu colega Zack e eu começamos a semear o Evangelho diariamente entre o nosso povo muçulmano não alcançado quase oito meses antes de vermos a colheita. Quando a ela chegou, porém, estava cheia de potencial de crescimento. Um homem a quem testemunhamos em um parque público ouviu o Evangelho e creu nele. Então, ele nos disse: "Eu conheço 50 pessoas que precisam ouvir esta mensagem". De fato, 50 pessoas realmente ouviram o Evangelho muito rapidamente através daquele homem. Desde então, ele levou centenas de pessoas à fé em Cristo.

Ver o resultado da colheita faz com que a Grande Comissão se torne atingível. Nenhum de nós poderia levar um número suficiente de pessoas à fé em Cristo durante nossa vida inteira para fazer diferença no estado de perdição do mundo. No entanto, perceber o potencial de produção de cada novo cristão nos encoraja a compartilhar o Evangelho e esperar que Deus multiplique seu resultado.

Pagamento pela colheita

A vida de Nuh estava indo em direção a um beco sem saída por causa de fracassos tanto morais quanto empresariais. Desde que deu sua vida a Cristo, Nuh tem sido um instrumento no seu bairro muçulmano conservador para conduzir os de sua família e mais de 30 outros à fé. Com lágrimas nos olhos, Nuh confessou com a mais profunda gratidão: "O que seria de minha vida se alguém não tivesse compartilhado o Evangelho comigo?"

A recompensa pela colheita é a grande alegria que experimentamos quando levamos alguém a Cristo. Jesus disse: *"O ceifeiro recebe desde já a recompensa e entesoura o seu fruto para a vida eterna; e, dessarte, se alegram tanto o semeador como o ceifeiro"* (Jo 4.36). Aquele que colhe já recebe salário (Jo 4.36a), e vai receber mais salários (Jo 4.36b). Para o ceifeiro, o dia de pagamento é tanto agora quanto mais tarde, mas o salário é o mesmo agora e depois.

Nada satisfaz um agricultor mais do que ter uma boa colheita. Há outras motivações para testemunhar, tais como ver a glória de Deus ser manifesta e obediência à Grande Comissão de Cristo. No entanto, poucas motivações excedem a simples alegria de ver pessoas passando da morte para a vida. Deixe o que traz alegria ao céu (Lc 15.7), alegria na presença dos anjos de Deus (Lc 14.10) e alegria ao Pai (Lc 15.32) trazer alegria a você também.

RETENHA O QUE APRENDEU:

Cinco motivações para se tornar um ceifeiro

Paixão pela colheita (Jo 4.31-34) – Jesus preferia evangelizar a comer.

Pressão da colheita (Jo 4.35) – o estado do campo determina o tempo para a colheita.

Promessa da colheita (Jo 4.37s) – a semeadura leva à colheita.

Produção da colheita (Jo 4.28-30) – cada novo cristão tem o potenciar de multiplicar.

Pagamento pela colheita (Jo 4.36) – a recompensa do agricultor é a própria colheita.

Capítulo 10

A mensagem

O Q-3 mostrou a você como pode ser fácil fazer contato com alguém perdido, mas como fica a parte central da mensagem? O recurso mais poderoso que nós, cristãos, temos é o Evangelho que proclamamos. Vamos separar alguns minutos para examinar o poder da mensagem do Evangelho e nos certificar de que não perca a clareza.

MAXIMIZE O PODER DA CRUZ

O apóstolo Paulo disse: *Porque não me enviou Cristo para batizar, mas para pregar o evangelho; não com sabedoria de palavra,* **para que se não anule a cruz de Cristo** (1Co 1.17). Quando a apresentação do Evangelho é revestida de sabedoria humana, mais se perde do que se ganha. Quando pontes preliminares "inteligentes" são usadas para chegar ao Evangelho, corre-se o risco de diminuir o poder da mensagem. Nesses casos, o Evangelho é perdido entre as muitas verdades sobre Jesus, em vez de destacar a única verdade que nos salva. O principal objetivo de Paulo era comunicar o Evangelho. *Evangelistas eficazes compartilham o Evangelho e eles fazem isso no início do relacionamento.*

O jogo de golfe oferece uma ilustração útil entre duas abordagens evangelísticas diferentes. Alguns evangelistas usam pontes introdutórias para estabelecer uma base para o Evangelho. Estas pontes são como os tacos para tacadas longas usados para conduzir a conversa ao término de cada buraco, quando uma tacada vencedora pode ser feita para finalizar. Depois de usar o taco favorito introdutório, estes evangelistas usam outras abordagens até sentirem que estão conduzindo a pessoa para perto de uma decisão por Cristo. A essa altura, eles retiram o último taco do saco de golfe, o taco para finalizar cada buraco, ou o Evangelho, e o usam para compartilhar a mensagem da salvação e levar a uma decisão. O Evangelho funciona como o último taco, o taco para finalizar cada buraco.

No Q-3, depois de criarmos contato com uma pessoa a ser alcançada, nós retiramos o taco mais poderoso do saco de golfe, o taco para longas tacadas e usamos este taco para apresentar o Evangelho. Para a testemunha do Q-3, é o taco para longas tacadas que entrega o Evangelho, em vez de ser o taco que finaliza cada buraco. Outras abordagens podem ser usadas para uma visita de acompanhamento posterior, mas até isso acontecer, o Evangelho já foi compartilhado e usado para filtrar a resposta da pessoa ao próprio Evangelho. O Evangelho é o taco mais poderoso, então faça uso dele.

Foi assim que a igreja do primeiro século fez. Eles, de fato, faziam evangelismo eficaz. Em local nenhum do Novo Testamento encontra-se um exemplo em que a testemunha demorou na apresentação do Evangelho depois de ter passado a primeira visita. Eles usavam o Evangelho como seu ponto de partida.

Muitas vezes, nós nos esquecemos de que Deus ainda usa métodos simples para salvar as pessoas, assim como fez há 2000 anos. Será que realmente pensamos que podemos criar pontes de testemunho que irão reforçar o poder do Evangelho? Ao contrário, o poder salvífico de Deus é liberado quando deixamos o Evangelho, e não a ponte, se tornar central.[23]

PRESSUPOSIÇÕES DO Q-3 SOBRE O EVANGELHO

O Evangelho é expiação sacrificial

A mensagem central da Bíblia é o sacrifício substitutivo de Deus pelos pecados da humanidade. A partir do primeiro livro da Bíblia, Deus profetizou a vinda de um Salvador (Gn 3.15). Este versículo foi a primeira de inúmeras profecias sobre um Salvador sofredor. Os Evangelhos apresentam Jesus como esse Salvador sofredor, o Cordeiro de Deus, que tira os pecados do mundo. O Novo Testamento termina com a segunda vinda do Cordeiro de Deus, cujo manto é tingido de sangue (Ap 19.13).

Deus substituiu as roupas improvisadas dos primeiros pecadores, Adão

---

23 As "pontes" às quais o autor se refere são prelúdios utilizados antes de chegar ao assunto do Evangelho, como o Método Camelo, que usa os versículos do Alcorão que citam Jesus para iniciar o assunto. (N. de Revisão)

e Eva, por peles de animais (Gn 3.21). O próprio Deus ofereceu o primeiro sacrifício para a remissão dos pecados, pois um animal teve que morrer para cobrir os efeitos do pecado do homem. Os primeiros descendentes humanos, Caim e Abel, ofereceram sacrifícios em adoração a Deus. Entre os dois sacrifícios, foi o de animal, feito por Abel, o aceitável a Deus. Depois do dilúvio, Noé ofereceu sacrifícios de animais de acordo com a fé que o tinha justificado.

A Bíblia revela de maneira clara o sistema sacrificial como plano de redenção de Deus para a humanidade (Hb 9.22). Sob a Lei de Moisés, todos os justos deviam oferecer sacrifícios de animais para expiar seus pecados, até que o próprio Cristo oferecesse o sacrifício final. Pendurado na cruz, Jesus exclamou: *"Está consumado!"* (Jo 19.30), indicando o cumprimento da justa exigência de Deus para o sacrifício. Hoje, a tarefa de todas as testemunhas é proclamar: *Pois também Cristo morreu, uma única vez, pelos pecados, o justo pelos injustos, para conduzir-vos a Deus; morto, sim, na carne, mas vivificado no espírito* (1Pe 3.18).

O Evangelho simples é a mensagem profunda e poderosa de evangelismo eficaz. Evangelismo que confunde o Evangelho com os métodos mais complicados apenas enfraquece o poder do Evangelho.

O Evangelho são as Boas Novas

Enquanto um missionário voluntário se preparava para fazer o evangelismo usando o Q-3 em uma área completamente diferente, conheceu um muçulmano chamado Hussein. Trabalhando com seu tradutor, o missionário foi capaz de compartilhar o Evangelho com ele, e Hussein estava pronto para responder. Ele disse ao missionário voluntário: "Isso é o que eu estive esperando ouvir!" Logo em seguida, a família de Hussein e outros três entregaram suas vidas a Cristo e formaram a primeira igreja em seu vilarejo.

Evangelho significa literalmente "Boas Novas". Quando o Espírito Santo desperta os perdidos para entender as Boas Novas, eles compreendem o quão maravilhoso é o Evangelho – o dom da salvação de Deus.

Jesus ordenou aos seus discípulos que proclamassem o Evangelho e declarou que seus discípulos fariam isso ao redor do mundo (Lc 24.44-48). O âmago da mensagem dos apóstolos era o Evangelho: que Cristo morreu por nossos pecados e ressuscitou dos mortos no terceiro dia (1Co 15.1-4; 1Pe 3.18). Aqueles que se rendem a Cristo como Senhor e creem no Evangelho serão salvos (Rm 10.9s).

O EVANGELHO É SINGULAR

A maioria das religiões ensina um sistema de obras como uma maneira de chegar a Deus. Somente a fé cristã mostra como o próprio Deus, não o homem, tomou a iniciativa de resgatar os pecadores. Quando uma pessoa se entrega a Cristo e crê no Evangelho, seus pecados são totalmente perdoados.

No Q-3, a testemunha começa a conversa, afirmando que a *maioria* das religiões é semelhante. Seu objetivo final, porém, é mostrar que o Evangelho é diferente.

Eu também costumava crer que os ministros e missionários cristãos compreendiam a importância de, realmente, comunicar essa mensagem do Evangelho. Há alguns anos, porém, ao ensinar um curso de evangelismo, expliquei aos alunos que evangelizar significa transmitir a mensagem do Evangelho, e não apenas falar sobre Jesus. A luz de repente acendeu para um dos alunos que exclamou: "Você quer dizer que uma pessoa deve ouvir o Evangelho antes de ser salva!" Sim, ele entendeu! Desde então, este estudante tornou-se uma testemunha maravilhosa e tem levado inúmeras pessoas a Cristo.

Capítulo 11

O mensageiro

Evangelismo bem-sucedido é uma dádiva de Deus, mas não cai do céu. O evangelismo eficaz não surge naturalmente; ele surge espiritualmente à medida que nós permanecemos em Cristo, observamos outros testemunharem e praticamos nós mesmos.

Quando Jesus disse: *"Vinde após mim, e eu vos farei pescadores de homens"* (Mc 1.17), ele estava dizendo que aqueles que o seguem se tornarão evangelistas. Quando tratamos o evangelismo meramente como uma das virtudes cristãs, ele raramente produz muito fruto. Quando o evangelismo se torna nossa paixão à medida que caminhamos dia a dia com Cristo, ele produz muito fruto.

Ao longo dos últimos três anos, enquanto alimentava um movimento crescente de plantação de igrejas, eu mergulhei nos discursos de Jesus no Cenáculo registrados em João 13-17. Nesses capítulos, Jesus revelou o segredo para o evangelismo frutífero: permanecer nele. Permanecer em Cristo significa ser cheio do Espírito Santo, o Espírito de Cristo (Jo 14.16-23).

A frutificação espiritual é o transbordamento do permanecer em Cristo (Jo 15.1-8). Esta passagem nos lembra de que o evangelismo é mais do que dizer as palavras certas; é estar ligado à Videira. Alguns cristãos que resolvem se tornar testemunhas de Cristo acabam ficando frustrados porque "o plano não funciona". O evangelismo eficaz é muito mais do que apenas a implementação de um plano bem elaborado. Ele cresce a partir de uma vida de intimidade com Jesus Cristo e de levar outros a crerem no Evangelho e entrarem no mesmo tipo de relacionamento.

Além de desafiar seus discípulos a permanecerem nele, Jesus deu-lhes um padrão para seguir. A permanência em Cristo começa com a *entrega absoluta* a Cristo, uma disposição de morrer (Jo 12.24; 15.13). A permanência em Cristo também exige *humildade* (Jo 13.1-17). Precisamos de humildade a fim de fazer os ajustes necessários para obedecer a Cristo (Jo 13.6-10). A humildade também nos mantém em um relacionamento adequado uns com os outros (Jo 13.12-17). Morrer para nós mesmos e fazer os ajustes de estilo de vida em obediência à Palavra de Cristo são essenciais para permanecer em Cristo e fazer suas obras.

Com esses pré-requisitos – entrega absoluta e humildade – estamos preparados para permanecer em Cristo através de sua caminhada, de sua Palavra e de suas obras. Estas são as chaves para sermos frutíferos. Cristo usou os discursos do Cenáculo a fim de preparar seus discípulos para cumprirem a Grande Comissão. Vamos dar uma olhada mais de perto na humildade e na entrega, e também nos três passos-chave para permanecer em Cristo.

HUMILDADE E ENTREGA

HUMILDADE

Entre as muitas conversas profundas que ocorreram no Cenáculo, nenhuma foi mais significativa do que as registradas em João 13.1-11. Jesus lavou os pés de seus discípulos, incluindo os pés de Judas, que estava prestes a traí-lo. Jesus humilhou-se abaixo do mais baixo dos baixos e ensinou seus discípulos a fazerem o mesmo uns com os outros.

Enquanto Jesus se preparava para lavar os pés de seus discípulos, Pedro fez uma observação aparentemente humilde: *Nunca me lavarás os meus pés* (Jo 13.8). A declaração de Pedro, na verdade, revelou sua arrogância. Ele teria que se humilhar ao intento do Senhor se fosse experimentar a alegria de permanecer em Cristo.

Humildade significa submeter-se um ao outro. Humildade requer ajustes pessoais, a fim de obedecer à Palavra de Jesus, em vez de nossas tradições (Jo 13.8s).

Entrega

O maior ajuste que devemos fazer é o de morrer para nós mesmos quando nos entregamos ao senhorio de Cristo. A maioria de nós provavelmente nunca colocará em perigo a própria vida ao compartilhar o Evangelho, mas uma vez que estejamos dispostos a morrer, as cadeias do medo que nos impedem de compartilhar o Evangelho de forma ousada não podem mais nos prender.

Três passagens no e em torno do discurso do Cenáculo ensinam a necessidade de morrer para si como um pré-requisito para seguir Cristo: João 12.24, João 13.36-38 e João 15.13-15.

No capítulo imediatamente anterior ao discurso do Cenáculo, Jesus profetizou sua morte e preparou seus discípulos para os caminhos difíceis que viriam pela frente para eles mesmos. *"Em verdade, em verdade vos digo: se o grão de trigo, caindo na terra, não morrer, fica ele só; mas, se morrer, produz muito fruto. Quem ama a sua vida perde-a; mas aquele que odeia a sua vida neste mundo preservá-la-á para a vida eterna"* (Jo 12.24s).

No Cenáculo Pedro, ousadamente, declarou sua disposição de morrer por Jesus (Jo 13.37). Mais tarde, naquela mesma noite, ele negaria Jesus três vezes (Jo 13.38). Mesmo que tenha falhado em manter-se à altura de sua ousada predição, Pedro teve razão naquilo que disse: sua vida e morte pertenciam a Cristo. Evangelistas eficazes já resolveram a questão da vida eterna e estão prontos para viver e morrer com Cristo. Pedro, junto com os outros discípulos, acabaria por dar a vida pelo Evangelho.

De acordo com Jesus, a verdadeira amizade exige uma disposição para morrer. Jesus demonstrou seu grande amor, dando sua vida por seus amigos (Jo 15.13). Também ensinou que a verdadeira amizade é recíproca quando disse: *"Vós sois meus amigos, se fazeis o que eu vos mando"* (Jo 15.14).

Como mensageiros do Evangelho, podemos nos tornar um com Cristo apenas quando nos humilhamos e nos entregamos completamente a ele. Uma vez que alguém seja humilde e esteja disposto a morrer, está preparado para permanecer em Cristo e experimentar as obras maiores que Jesus prometeu em João 14.12: *"E, verdade, em verdade vos digo que aquele que crê em mim fará também as obras que eu faço e <u>outras maiores fará</u>, porque eu vou para junto do Pai"* (ênfase acrescentada pelo autor).

TRÊS PASSOS-CHAVE PARA PERSEVERAR EM CRISTO

1. CAMINHADA DE CRISTO

A caminhada de Cristo é a caminhada de oração. Em Lucas 5.16, encontramos: *Ele, porém, se retirava para lugares solitários e orava.* E em Lucas 6.12: *Naqueles dias, retirou-se para o monte, a fim de orar, e passou a noite orando a Deus.*

Jesus promete agir por meio dos discípulos que caminham com ele em oração. *"E tudo quanto pedirdes em meu nome, isso farei"*, disse Jesus, *"a fim de que o Pai seja glorificado no Filho. Se me pedirdes alguma coisa em meu nome, eu o farei"* (Jo 14.13s). Quando oramos de acordo com a Palavra de Cristo, ele opera por meio de nós para cumprir a Grande Comissão (Jo 15.7).

Os primeiros discípulos oravam quando se reuniam, mas também oravam quando saíam. Para eles, a oração era mais do que um ritual ou a tarefa principal de um retiro; era uma conversa contínua com o Senhor que os acompanhava (Mt 28.20).

No Q-3, caminhadas de oração são uma parte vital da experiência de testemunhar. Costumamos orar juntos antes de sairmos. Enquanto caminhamos, estamos também orando: "Senhor, nós nos entregamos a ti. Conduze-nos àqueles que tu preparaste para ouvir o Evangelho. Enche-nos com o Espírito para que compartilhemos bem o Evangelho".

Com o Q-3, iniciamos e finalizamos com oração, e oramos ao longo do caminho. Depois de compartilharmos o Evangelho, perguntamos àquele a quem estamos testemunhando se podemos orar por ele em nome de Jesus. A oração geralmente resulta em respostas dramáticas, especialmente quando a pessoa decide crer. Cristo revela seu poder e presença como se acrescentasse um ponto de exclamação à experiência de salvação dessa pessoa recém-convertida.

2. A PALAVRA DE CRISTO

A obediência à Palavra de Deus é essencial para permanecer em Cristo. *"Aquele que tem os meus mandamentos e os guarda, esse é o que me ama; e aquele que me ama será amado por meu Pai, e eu também o amarei e me manifestarei a ele"* (Jo 14.21).

Jesus continua a dizer: *"Se guardares os meus mandamentos, permanecereis no meu amor; assim como também eu tenho guardado os mandamentos de meu Pai e no seu amor permaneço"* (Jo 15.10).

No livro de Atos, vemos os discípulos vivendo na Palavra, buscando nela sabedoria e proclamando-a aos outros. Cada vez que as pessoas foram cheias do Espírito no livro de Atos, anunciaram a Palavra de Deus com ousadia.

No Cenáculo, Jesus deu, pelo menos, dez palavras de instrução para seus discípulos.

DEZ PALAVRAS DE CRISTO NO CENÁCULO

1. *"Ora, se eu, sendo o Senhor e o Mestre, vos lavei os pés, também vós deveis lavar os pés uns dos outros"* (Jo 13.14).

2. *"Novo mandamento vos dou: que vos ameis uns aos outros; assim como eu vos amei, que também vos ameis uns aos outros"* (Jo 13.34; também em 15.12-17).

3. *"Não se turbe o vosso coração; credes em Deus, crede também em mim"* (Jo 14.1).

4. *"Crede-me que estou no Pai, e o Pai, em mim"* (Jo 14.11a).

5. *"... aquele que crê em mim fará também as obras que eu faço e outras maiores fará, porque eu vou para junto do Pai"* (Jo 14.12).

6. *"... permanecei em mim, e eu permanecerei em vós"* (Jo 15.4).

7. *"... permanecei no meu amor"* (Jo 15.9).

8. *"... e vós também testemunhareis, porque estais comigo desde o princípio"* (Jo 15.27).

9. *"... pedi e recebereis, para que a vossa alegria seja completa"* (Jo 16.24).

10. *"No mundo, passais por aflições; mas tende bom ânimo; eu venci o mundo"* (Jo 16.33).

3. As obras de Cristo

As obras de Cristo são as coisas que ele faz em nós e por meio de nós quando estamos caminhando em seu Espírito. Permanecer em Cristo é mais do que apenas orar e obedecer. O Espírito Santo enche aqueles que fazem as obras de Cristo. De acordo com Jesus no Cenáculo, a principal obra a ser realizada por seus discípulos seria testificar sobre ele. Jesus prometeu: *"Quando, porém, vier o Consolador, que eu vos enviarei da parte do Pai, o Espírito da verdade, que dele procede, esse dará testemunho de mim; e vós também testemunhareis, porque estais comigo desde o princí-pio"* (Jo 15.26s).

Em João 15.8, Jesus disse: *"Nisto é glorificado meu Pai, em que deis muito fruto; e assim vos tornareis meus discípulos"*. À medida que permanecemos em Cristo, vemos suas obras produzidas em e por meio de nós. A principal dessas obras é a produção de discípulos multiplicadores.

Em João 17.4, Jesus orou a seu Pai: *"Eu te glorifiquei na terra, consumando a obra que me confiaste para fazer"*, e em seguida, passou a orar por seus discípulos estabelecendo-os na Palavra (vs. 8, 14). Ele ora por eles e lhes ensina a orar (v. 9); ele os protege (vs. 11, 15) e os envia (v. 18).

Permanecer em Cristo é a chave para fazer obras espirituais ainda maiores. Como os discípulos permaneceram em Cristo por meio da oração e da palavra, realizaram obras incrivelmente significativas. Estas foram as grandes obras registradas no livro de Atos. Assim como Jesus havia prometido no Cenáculo, os discípulos plantaram redes de igrejas-lares *em Jerusalém como em toda a Judeia e Samaria e até aos confins da terra* (At 1.8).

AS OBRAS DE CRISTO PARA SEUS DISCÍPULOS NO CENÁCULO

À medida que você busca ser uma testemunha eficaz para Cristo, considere úteis os passos abaixo para lembrá-lo de aspectos importantes de uma vida cheia do Espírito.

Permaneça em Cristo (Jo 14.16-20; 15.1-8; 17.11, 20-23)

Evangelismo corajoso (Jo 15.26s; 17.20)

Realize o discipulado multiplicador (dê cada vez mais frutos, Jo 15.2-8)

Desenvolva igrejas e seja igreja (Jo 17.15-26)

Capacite líderes (dê frutos que permaneçam, (Jo 15.16; 17.6)

Este é o estilo de vida de uma pessoa que permanece em Cristo.[24] De acordo com os ensinamentos de Cristo na "Promessa de Obras Ainda Maiores" de João 14.12, aqueles que vivem dessa maneira verão obras ainda maiores do que aquelas ocorridas no próprio ministério de Cristo.

A PROMESSA DE OBRAS AINDA MAIORES

Em João 14.12, Jesus fez uma tremenda promessa aos seus discípulos. Nós a chamamos de "Promessa de Obras Ainda Maiores". Ela tornou-se o tema do treinamento do movimento de plantação de igrejas no país onde moro.

Leia a promessa devagar para ver se acha que ela se aplica a você, ou apenas à igreja do primeiro século. *"Em verdade, em verdade vos digo que aquele que crê em mim fará também as obras que eu faço e outras maiores fará, porque eu vou para junto do Pai"*. Observe que a promessa é para *quem quer que* creia em Cristo. É uma instrução geral, não especificamente para os apóstolos, mas para você e para mim também.

Jesus prometeu duas coisas para aqueles que creram nele:

1. eles fariam o mesmo tipo de obras que ele fazia, e

2. eles as fariam em um maior grau.

Esta não é uma promessa de milagres ainda maiores. Em vez disso, é uma promessa de *obras* ainda maiores. Quando seus discípulos atendem as condições de Jesus para permanecerem nele, eles participam das obras ainda maiores de Cristo. Essa promessa foi cumprida para os discípulos de Jesus do primeiro século no livro de Atos, à medida que o Evangelho se espalhou de Jerusalém, para a Judeia, para a Samaria e até os confins da terra. Quando os discípulos de hoje permanecem em Cristo e fazem suas obras de evangelismo, discipulado e plantação de igrejas, eles devem esperar um resultado semelhante.

A Promessa de Obras Ainda Maiores ocorre no Discurso do Cenáculo. Lá Jesus ensinou aos seus discípulos a importância de permanecerem

---

24 O acróstico ABIDE é adaptado da estrutura apresentada por colegas missionários que servem na Ásia. [No original em inglês, as iniciais desta lista formam a palavra ABIDE (permanecer). Na tradução para o português o acróstico perde o sentido (N. de Tradução)]

em Cristo. Através da permanência em Cristo, eles fariam as obras ainda maiores prometidas em João 14.12 e em João 15.1-8. Permanecer em Cristo significa unidade com ele. É caminhar no Espírito, a ideia apenas é declarada usando-se uma terminologia diferente. Quando uma pessoa ou grupo de cristãos é um com Cristo, eles vão compartilhar o Evangelho de maneira frutífera. Isso é exatamente o que aconteceu em Atos. Cada vez que os discípulos ficaram cheios do Espírito, eles pregaram a Palavra corajosamente e de maneira eficaz.

Se um acompanhamento eficaz de reprodução é feito, pode resultar em um movimento de plantação de igrejas semelhante ao de Atos. Os 5 passos para PERMANECER explicados acima destacam os elementos necessários que podem contribuir para um movimento de plantação de igrejas usando o Q-3. Esses elementos são apresentados de maneira mais clara no Capítulo 14, que trata do acompanhamento àqueles que estão abertos ao Evangelho, bem como aos novos convertidos.

Capítulo 12

Comunicando a mensagem

Há mais sobre o evangelismo eficaz do que uma mensagem maravilhosa, um mensageiro capaz e um bom método. A comunicação da mensagem envolve muitas variáveis ocultas, é *como* o mensageiro compartilha o Evangelho. A comunicação da mensagem pode resultar em diferentes graus de resposta, mesmo quando o Evangelho é comunicado com métodos semelhantes a povos semelhantes.

Resultados evangelísticos melhoram drasticamente quando testemunhamos com base no que a Bíblia diz e não no que a nossa intuição nos diz. Evangelistas eficazes adotam certas atitudes biblicamente fundamentadas e praticam certas habilidades induzidas pela fé que afetam seu modo de comunicar a mensagem. Essas qualidades de comunicação surgem à medida que a testemunha caminha no Espírito e compartilha o Evangelho. Quatro dessas qualidades são confiança, expectativa, persuasão e liderança.

TESTEMUNHE COM CONFIANÇA

... todos ficaram cheios do Espírito Santo e, com intrepidez, anunciavam a palavra de Deus (At 4.31b). Testemunhas confiantes são testemunhas arrojadas, ousadas. Ousadia não é o mesmo que impetuosidade. Ousadia provém da confiança na presença de Cristo, é humilde, contudo, sem arrependimentos. Por meio do Espírito Santo, podemos permanecer firmes na veracidade do Evangelho e na autoridade que Deus nos deu para proclamá-lo a todos.

Quando Jesus deu aos discípulos a Grande Comissão, assegurou-os de sua autoridade e de sua presença. Essa garantia deu-lhes a confiança de estar diante de reis, bem como de pessoas comuns, mesmo sendo eles vindos de origens humildes e sem instrução formal.

"TODA A AUTORIDADE ME FOI DADA [...] IDE, PORTANTO..."

Essencialmente, Jesus estava dizendo: "Toda a autoridade foi dada a mim, e com essa autoridade estou autorizando-os a ir" (parafraseado Mt 28.18). A implicação é que todo aquele que obedece à Grande Comissão tem autoridade dada por Cristo para cumpri-la. Temos o direito de compartilhar o Evangelho com reis, pobres e todos entre eles.

Conheço um novo cristão que foi levado à delegacia de polícia e ameaçado com 15 anos de prisão se continuasse a evangelizar. Naquele exato momento, porém, em vez de permanecer em silêncio, ele, corajosamente, compartilhou o Evangelho. Dois policiais que ouviram o Evangelho naquele dia passaram a ter fé e foram batizados.

Não estamos defendendo o descuido ou que você jogue a precaução ao vento. Mas temos que perceber que os encontros para testemunhar não acontecem por acaso. Deus os orquestra. Conscientize-se de que, quando estiver compartilhando o Evangelho que o Deus soberano lhe confiou, deve compartilhá-lo com toda a ousadia.

"E EIS QUE ESTOU CONVOSCO TODOS OS DIAS..."

Leila, a esposa de um agricultor sem instrução, passou a ter mais confiança quando descobriu que Cristo estava ao seu lado quando compartilhava o Evangelho. Usando o Q-3, Leila levou outras três mulheres muçulmanas a Cristo na província islâmica radical onde morava. Ela, então, levou seu marido à fé, e, juntos, começaram uma igreja-lar que, desde então, multiplicou-se em nove grupos.

Jesus prometeu: *"E eis que estou convosco todos os dias"* (Mt 28.20b). Quando voluntários vêm para trabalhar conosco, nós podemos assegurar-lhes uma coisa: "Você vai experimentar a presença de Cristo". Ele prometeu isso a nós, por isso nós, confiantemente, prometemos o mesmo àqueles que saem para compartilhar o Evangelho. Os que, intencionalmente, compartilham o Evangelho, realmente experimentam a presença de Cristo. O Senhor se deleita em conectar testemunhas preparadas com aqueles que ele está preparando para ouvir o Evangelho. É por isso que não é incomum para os voluntários com um mínimo de treinamento conduzir muçulmanos à fé e, até mesmo, iniciar igrejas.

Joseph estava compartilhando o Evangelho com seu amigo muçulmano, Emir, quando este recebeu uma mensagem de texto do seu professor de religião. A mensagem dizia: "Hoje, alguém virá e revelará a verdade para você". Emir mostrou a Joseph a mensagem de texto juntamente com seus braços arrepiados. Depois de ouvir a mensagem Q-3 de Joseph, Emir teve que concordar: "Nossos pecados podem ser perdoados somente através de um sacrifício".

Sonhos no Q-3

Como parte de uma aula de mestrado, treinamos nove seminaristas em evangelismo Q-3. Os alunos estavam inicialmente relutantes em tentar a abordagem, mas, porque era uma tarefa, eles a realizaram. Quando compartilharam suas experiências no dia seguinte, os resultados foram surpreendentes. O membro mais resistente da classe era um homem chamado Eric, que tinha conduzido o chefe de uma família à fé em Cristo. Outro aluno chamado Juan foi às lágrimas quando compartilhou sua experiência. Ele disse: "O muçulmano a quem eu testemunhei não pareceu surpreso que eu estivesse compartilhando o Evangelho com ele. Na semana anterior, ele tinha tido um sonho com Jesus. Então, quando compartilhei, ele imediatamente aceitou Cristo. Ele, então, falou sobre o Evangelho com sua esposa". Juan chorou quando confessou como tinha duvidado do poder do Evangelho para salvar os muçulmanos.

Em uma ocasião diferente, um missionário e seu tradutor viajaram com dois missionários voluntários para o lugar onde eles pretendiam praticar o Q-3. No caminho, eles oraram: "Senhor, enquanto essas pessoas dormirem esta noite, visite-as em sonhos. Conecte-nos com aqueles que estão sonhando e permita que sejam pessoas de paz que permitirão que o Evangelho se espalhe em sua área". Na manhã seguinte, um dos missionários voluntários, um homem de meia-idade chamado Tom, e seu tradutor acidentalmente desceram pela rua errada. Encontraram um muçulmano chamado Mehmet, que os convidou para irem a sua casa, juntamente com vários membros da família e vizinhos. À medida que Tom começou a compartilhar o Evangelho, Mehmet o interrompeu: "Ontem à noite, sonhei que duas pessoas vieram à minha casa. Um falava a língua local e o outro não". Naquela manhã, duas pessoas na casa de Mehmet aceitaram Cristo.

O Espírito Santo precede, acompanha e enche os discípulos de Cristo com ousadia à medida que eles compartilham o Evangelho. A presença de Cristo é mais evidente quando obedecemos a Grande Comissão. Todas as vezes que os discípulos ficaram cheios do Espírito Santo em Atos, eles proclamaram a Palavra de Deus com ousadia. Você não pode fingir confiança; ela é o fruto do ato de compartilhar o Evangelho enquanto permanece em Cristo.

Seja confiante, porque Deus o capacitou para ser um ministro da nova aliança: ... *não que, por nós mesmos, sejamos capazes de pensar alguma coisa, como se partisse de nós; pelo contrário, a nossa suficiência vem de Deus, o qual nos habilitou para sermos ministros de uma nova aliança, não da letra, mas do espírito; porque a letra mata, mas o espírito vivifica* (2Co 3.5s).

Estes têm sido os versículos fundamentais do meu ministério desde que entreguei minha vida a Cristo. Pela graça de Deus, sou um ministro capacitado do Evangelho e você também.

Para ajudar a aumentar sua confiança, tome as seguintes medidas. Primeiro, memorize Mateus 28.18-20 e 2 Coríntios 3.5s e revise estes versículos diariamente. Em seguida, ore diariamente para ser cheio do Espírito Santo à medida que você compartilha o Evangelho. Além disso, pratique a presença de Deus enquanto sai para compartilhar o Evangelho, conversando espontaneamente com Jesus ao longo do caminho. Finalmente, compartilhe o Evangelho usando Q-3 várias vezes por semana porque, à medida que o método se torna mais conhecido, sua confiança vai aumentar.

TESTEMUNHE COM EXPECTATIVA

Disse ainda: "O reino de Deus é assim como se um homem lançasse a semente à terra; depois, dormisse e se levantasse, de noite e de dia, e a semente germinasse e crescesse, não sabendo ele como. A terra por si mesma frutifica: primeiro a erva, depois, a espiga, e, por fim, o grão cheio na espiga. E, quando o fruto já está maduro, logo se lhe mete a foice, porque é chegada a ceifa" (Mc 4.26-29).

Nesta passagem de Marcos, Jesus nos ensina que Deus criou o solo para dar fruto. Uma vez que a semente é plantada, o solo cuida do restante. Boa semente que cai em terra boa dará fruto. Este é o princípio da semeadura e da colheita.

Fé é expectativa. Fé é crer, e *depois* ver; não ver e depois crer. Fé significa crer no que Deus revelou em sua Palavra e agir de acordo para que o que Deus prometeu se torne realidade. Não meça as possibilidades da próxima experiência de testemunho com base em experiências de testemunho anteriores. Ajuste sua abordagem de testemunho baseado no que Deus revelou através de sua Palavra, então testemunhe com fé.

Deus preparou o solo e, quando o Evangelho é compartilhado, o Espírito continua a obra em um coração disposto até que resulte em salvação e santificação.

Algumas pessoas passarão a ter fé na primeira vez em que ouvirem o Evangelho. Outras ouvirão o Evangelho e entregarão suas vidas a Cristo em um encontro de acompanhamento posterior. Alguns podem ouvir o Evangelho e não responder, porque ninguém os acompanha. Depois de um período de tempo, Deus os conecta com alguém como você, para que eles possam responder positivamente ao Evangelho.

O Espírito Santo está convencendo o mundo do pecado, da justiça e do juízo (Jo 16.8)

Quando você testemunhar, mesmo àqueles que não são receptivos, nunca estará perdendo seu tempo. O Espírito Santo os está convencendo de seu pecado e incredulidade. Embora eles não possam ver Jesus com seus próprios olhos, o Espírito está revelando Cristo a eles. O Espírito também os está convencendo do juízo vindouro. Saber que o Espírito age dessa maneira nos encoraja enquanto cooperamos com o ele e compartilhamos o Evangelho com expectativa entre os perdidos.

As pessoas responderão ao Evangelho de uma dessas quatro maneiras

A Parábola do Semeador contada por Jesus (Mc 4.10-20) antecipa as seguintes reações:

1. Alguns ouvirão, mas irão rejeitá-lo imediatamente.

2. Outros ouvirão, e, ainda que inicialmente abram o coração, depois eles vão dar as costas a ele.

3. Outros ouvirão e abrirão seus corações para o Evangelho, mas vão se envolver com outras coisas e, assim, deixarão de ser frutíferos.

4. *Mas alguns vão ouvir a palavra, abrir seus corações e continuar na fé.* Eles também darão frutos multiplicadores.

O Q-3 vai ajudar essa pessoa frutífera a responder positivamente ao Evangelho e se tornar seu parceiro para alcançar um grupo de pessoas ou uma cidade. Se o Senhor usá-la para alcançar pessoas de paz, essas pessoas de paz vão alcançar muitos outros enquanto seguem o mesmo padrão Q-3.

Um dos nossos parceiros asiáticos, um homem chamado Jonas, usou o Q-3 fielmente em uma região difícil por quatro meses, sem ver ninguém vir a Cristo. Depois, quando viu, de fato, um grande avanço, os resultados foram surpreendentes. No período inicial de dois meses em que o Evangelho começou a se espalhar, mais de 120 pessoas foram batizadas e nove grupos de discipulado foram iniciados entre seu grupo étnico muçulmano. Estes foram os primeiros cristãos conhecidos entre este grupo não alcançado. Mais tarde, depois de 13 meses, mais de 400 novos cristãos tinham sido batizados.

"Conecte-nos"

Ao longo da prática do Q-3, nós continuamente oramos: "Senhor, conecte-nos com pessoas que estejam abertas ao Evangelho". Quando estamos prontos para compartilhar o Evangelho, Deus nos conecta com as pessoas certas, nos lugares certos, nos momentos certos.

Caleb, um estudante universitário em uma viagem missionária de curto prazo, juntou-se a um missionário de carreira chamado Pete, para fazer evangelismo Q-3 em um parque público. Os dois caminharam juntos enquanto oravam: "Senhor, conecte-nos com alguém que esteja aberto à sua Palavra. Encha-nos com o seu Espírito, para que possamos compartilhar o Evangelho". Pouco tempo depois, a dupla encontrou-se com um homem muçulmano aparentemente radical. Depois de caminhar com ele por um tempo, eles se sentaram juntos e começaram a compartilhar o Evangelho. Duas horas mais tarde, o homem depositou sua fé em Cristo. Após esta experiência, Caleb disse: "Eu nunca vi nada parecido com isso". Pete respondeu: "Eu vejo isso acontecer frequentemente. Fico sempre maravilhado com o que Deus faz, mas raramente fico surpreso".

Deus os está chamando

Quem são esses muçulmanos que estão vindo à fé por meio do evangelismo Q-3? Alguns são apenas nominais em sua religião, mas outros são muçulmanos radicais que foram despertados pelo Espírito Santo para se conscientizarem de sua condição sem esperança. Alguns dos que respondem positivamente são imãs, líderes religiosos em sua comunidade. Não há maneira de prever *quem* estará aberto ao Evangelho, mas há um padrão claro de *como* eles chegam à fé. Eles ouvem o Evangelho, o Espírito Santo os convence e os conduz a Cristo. Eles se entregam a Jesus através do arrependimento, professam sua fé em Cristo e são salvos.

TESTEMUNHE DE FORMA PERSUASIVA

E assim, conhecendo o temor do Senhor, persuadimos os homens... (2Co 5.11a).

Os APÓSTOLOS TESTEMUNHAVAM PERSUASIVAMENTE

Os apóstolos ordenavam às pessoas que se arrependesse. *Arrependei-vos, e cada um de vós seja batizado em nome de Jesus Cristo para remissão dos vossos pecados, e recebereis o dom do Espírito Santo* (At 2.38). O relato do sermão de Pedro no Pentecostes continua: *Com muitas outras palavras deu testemunho e exortava-os, dizendo: Salvai-vos desta geração perversa* (v. 40).

Em Atos 18.4, Lucas diz que Paulo *... todos os sábados discorria na sinagoga, persuadindo tanto judeus como gregos.* Paulo usava vários métodos para comunicar o Evangelho, mas sempre procurava persuadi-los a se arrependerem.

Jesus ordenou seus seguidores a fazerem discípulos de todos os povos (Mt 28.18-20). Em resposta, os discípulos de Jesus, apaixonadamente, venceram as pessoas a se entregarem a Cristo e escaparem da ira vindoura.

Hoje, preferimos termos menos confrontadores como "compartilhar" o Evangelho em vez de persuadir. O testemunho começa com a proclamação do Evangelho, mas não termina aí. A proclamação do Evangelho também requer persuasão por parte da testemunha.

Alguns cristãos, erroneamente, concluem que, porque Deus é soberano, é suficiente simplesmente "compartilhar" o Evangelho. Seu papel na evangelização torna-se passivo, porque eles não estão certos de que Deus deseja que cada pessoa perdida seja salva, mesmo que a Bíblia insista em dizer que Deus *não* [está] *querendo que nenhum pereça, senão que todos cheguem ao arrependimento* (2Pe 3.9; cf. 1Tm 2.4). Eles, intencionalmente, não tentam convencer as pessoas a seguirem Cristo, de modo a não colidir inadequadamente com o direito soberano de Deus de chamar apenas aqueles a quem ele escolheu. Na Bíblia, os apóstolos apaixonadamente persuadiam as pessoas a virem a Cristo, dando-se conta de que aqueles que respondiam eram os chamados de Deus (At 13.48). Deus, que é soberano em todas as coisas, nos chamou para proclamar o Evangelho de forma persuasiva.

Sinceridade requer persuasão

Quando a testemunha acredita sinceramente que o Evangelho é a Boa Nova para o pecador que está perecendo, ele será compartilhado de forma convincente. Uma testemunha sincera não pode tomar uma posição passiva quando o destino eterno das pessoas está em jogo.

A persuasão eficaz, no que diz respeito ao Evangelho, não pode ser autogerada. A persuasão autogerada exala falsidade. Vêm à mente imagens de vendedores de óleo de cobra itinerantes e comerciais de TV exagerados quando "persuasão dissimulada" é mencionada. A verdadeira mensagem proclamada com sinceridade de coração persuade as pessoas a levá-la em consideração.

Na parábola do Grande Banquete (Lc 14.16-24), Jesus ensinou: *"Sai pelos caminhos e atalhos e obriga a todos a entrar, para que fique cheia a minha casa"* (v. 23, grifo do autor). Por meio desta parábola, Jesus enfatiza o papel da persuasão, usando a palavra "obrigar". Ele queria que seus discípulos entendessem que um convite para a festa de banquete do Messias deve ser comunicado de forma persuasiva.

Persuadir significa chamar as pessoas a responderem positivamente à convicção do Espírito Santo. Não requer "gritaria". Muitas pessoas ousadas e que gritam não são muito convincentes. Persuadir significa convencer o coração de uma pessoa com a verdade do Evangelho. O ensino abre a mente, mas a persuasão abre o coração. *E compadecei-vos de alguns que estão na dúvida; salvai-os, arrebatando-os do fogo; quanto a outros, sede também compassivos em temor...* (Jd 22-23a).

LEVE AS PESSOAS A SE ENTREGAREM A CRISTO

Disse-lhes Jesus: "Vinde após mim, e eu vos farei pescadores de homens" (Mc 1.17).

Evangelismo eficaz é mais do que compartilhar o Evangelho; é *levar* as pessoas a Cristo. Jesus levou pessoas para si mesmo. Ele as impeliu: "Vinde após mim". As pessoas não apenas *encontram* Jesus. Ele as chama para si, e alguém as leva ao Salvador. Como a mulher no poço, nós levamos as pessoas para Cristo. *Vinde comigo e vede um homem que me disse tudo quanto tenho feito,* disse a mulher samaritana (Jo 4.29a). "Vinde comigo" implica ir a algum lugar juntos, e sinaliza que quem convida vai levá-los para tal destino.

Evangelistas eficazes trabalham em parceria com o Espírito Santo para levar as pessoas à fé. Considere o caso do testemunho de Paulo a Lídia em Filipos. Atos 16.14 diz: *... o Senhor lhe abriu o coração para atender às coisas que Paulo dizia.* O Espírito Santo está fazendo sua parte. A nossa parte é conduzir os perdidos à fé. Liderança é, muitas vezes, a qualidade singular que diferencia aqueles que trazem as pessoas à fé daqueles que raramente trazem as pessoas à fé.

Levar um convertido em potencial a Cristo pode exigir mostrar-lhe como sua nova vida em Cristo seria. Você pode lhe dizer: "Centenas de pessoas como você se entregaram a Cristo. Seguidores de Cristo podem adorar em suas próprias casas. Novos seguidores de Jesus muitas vezes levam seus cônjuges, filhos e amigos a Cristo e tornam-se juntos uma igreja-lar".

À medida que os leva a Cristo, você pode apresentar perguntas esclarecedoras como: "Você acredita na mensagem que eu estou compartilhando com você? Se assim for, é hora de render-se a Cristo, não é?" Ajude-os a saberem quais passos precisam tomar, dizendo: "A maneira pela qual as pessoas geralmente professam a fé em Cristo é através de uma oração". Conduza-os à fé oferecendo-se para conduzi-los em uma oração para receber Cristo. Mostre-lhes o que fazer em seguida e acompanhe-os nisso.

A OBRA DO ESPÍRITO SANTO

"Quando ele vier, convencerá o mundo do pecado, da justiça e do juízo" (Jo 16.8).

Na tarefa de comunicar a mensagem, as qualidades de confiança, expectativa, persuasão e liderança são eficazes apenas por causa da poderosa obra do Espírito Santo em nosso meio. É ele quem nos conecta com as pessoas de paz e é ele quem as convence de sua necessidade de salvação.

Descrevendo seu próprio ministério, Jesus disse: *"Porque o Filho do Homem veio buscar e salvar o perdido"* (Lc 19.10). O propósito da declaração de Jesus neste versículo vem da passagem na qual Zaqueu busca Jesus subindo em uma árvore, a fim de vê-lo. Após um exame mais de perto, vemos que, na realidade, era Jesus quem estava realmente à busca de Zaqueu. Jesus o chamou pelo nome e o acompanhou até sua casa, onde Zaqueu se arrependeu e foi salvo (Lc 19.9). Da mesma maneira, Deus está buscando salvar homens, mulheres, meninos e meninas em todo o mundo.

Independentemente de a pessoa a quem testemunhamos responder ou não positivamente ao Evangelho, o próprio fato de que estamos testemunhando para ela é prova de que Deus a está buscando. Em Colossenses 4.3, Paulo encorajou a igreja: *Suplicai, ao mesmo tempo, também por nós, para que Deus nos abra porta à palavra, a fim de falarmos do mistério de Cristo...* Se orarmos de antemão para que Deus nos conecte com as pessoas a quem ele está preparando, ele o fará. Costumo dizer à pessoa a quem estou testemunhando que orei para que Deus me conectasse com alguém que ele estivesse preparando e que ela é a tal pessoa.

Deus deseja a salvação de todos (1Tm 2.4; 2Pe 3.9), pagou por ela na cruz (1Tm 2.6), e agora tem o portador das Boas Novas na presença deles. Uma vez que compartilhamos o Evangelho e recolhemos a rede, veremos a extensão da busca do Espírito Santo por pessoas através da resposta delas.

Jesus instruiu seus discípulos a estarem atentos para onde o Espírito Santo estava agindo, convencendo homens e mulheres de sua necessidade por salvação. Em Mateus 10, Jesus enviou 12 discípulos para os povoados da Galileia dizendo-lhes: *"E em qualquer cidade ou povoado em que entrardes, indagai quem neles é digno; e aí ficai até vos retirardes"* (Mt 10.11).[25]

Essas pessoas "dignas" eram conhecidas como "pessoas de paz" (ou "filhos da paz"). Pessoas de paz são geralmente os primeiros cristãos que prosseguem para alcançar seus *oikos* (família e amigos) e plantar as primeiras igrejas em suas respectivas comunidades. Pessoas de paz não apenas ouvem e recebem o Evangelho, elas também se tornam catalisadores para difundir o Evangelho aos seus familiares, vizinhos e amigos.

Jesus encontrou muitas pessoas de paz em seu próprio ministério. Nicodemos (Jo 3), Zaqueu (Lc 19), a mulher samaritana (Jo 4) e José de Arimateia (Jo 19) foram todas pessoas de paz. Devemos esperar encontrá-las também.

Pessoas da paz aparecem em todo o Novo Testamento enquanto os discípulos de Jesus seguiam seu padrão de evangelismo. Vemos exemplos de pessoas de paz em Lídia de Tiatira, a quem *o Senhor lhe abriu o coração para*

---

25 Também em Lucas 10.5-9, quando Jesus envia os 70 para que o precedessem nas cidades às quais pretendia ir, deu instruções nesse sentido. (N. de Revisão)

atender às coisas que Paulo dizia e, em seguida, toda a sua família foi batizada (At 16.14s). Também no carcereiro de Filipos, em Atos 16.19-34, que clamou a Paulo e Silas: *Senhores, que devo fazer que seja salvo?* (v. 30). Depois de ouvir o Evangelho, a Bíblia diz: *A seguir, foi ele batizado, e todos os seus* (v. 33).

Onde quer que formos, podemos saber que o Espírito Santo nos terá precedido. E podemos ter certeza de que há pessoas de paz à nossa espera. A única maneira certa de identificar uma pessoa de paz é compartilhar o Evangelho com ela e ver como reage. Quando encontramos uma pessoa de paz, sabemos que o Espírito Santo está em ação e este é o caminho mais seguro para o ministério eficaz.

Parte 4

Q-3 PARA TODOS

Capítulo 13

A oficina sobre o Q-3

Três dias antes de escrever este capítulo, conduzi uma oficina sobre o Q-3 para 32 parceiros asiáticos. Durante a primeira noite de prática, aqueles que treinamos compartilharam o Evangelho quase 70 vezes. Quando retornaram para a última sessão, tinham levado dez pessoas a Cristo, mais da metade era de muçulmanos.

As oficinas de um dia do Q-3 são o modo pelo qual estamos treinando outros para iniciarem e multiplicarem movimentos de plantação de igrejas. Depois de uma sessão de treinamento de 4 a 6 horas, saímos à noite para praticar o que aprendemos. Durante esta noite de prática, quase sempre vemos pelo menos uma pessoa vir à fé. Invariavelmente, os participantes da oficina experimentam a alegria e a presença de Cristo enquanto compartilham sua fé e obedecem à Grande Comissão.

Sempre que compartilhamos o Evangelho, mas especialmente quando as pessoas respondem favoravelmente a ele, o resultado é tanto louvor a Deus quanto alegria indizível para a testemunha. Durante uma oficina, uma participante admitiu: "Eu costumava compartilhar o Evangelho, mas tornou-se penoso. Quero que o evangelismo volte a ser como um passatempo prazeroso, algo que eu goste muito". Depois de compartilhar o Evangelho naquela noite, ela voltou com grande alegria. Sim, o evangelismo é uma responsabilidade muito séria, mas os cristãos devem apreciá-lo. Jesus apreciava, os discípulos do primeiro século também (Lc 10.17-21), e você também pode.

Este capítulo foi escrito para capacitar outros com o Q-3. Estou confiante de que você já tenha aprendido o suficiente neste livro para implementar o Q-3 em sua própria comunidade, mesmo que não possa participar de uma oficina.

Recentemente, um parceiro asiático relatou o seguinte. Ele havia lido o material de treinamento do Q-3, mas ainda não havia participado de uma oficina. Colocando em prática o que ele tinha aprendido com o material de treinamento, conseguiu levar quatro pessoas à fé em Jesus na área muito resistente onde ele morava.

Acreditamos que você vai ser capaz de fazer o mesmo. E com a ajuda deste capítulo, estará bem equipado para treinar outros também.

O PLANO DE APRENDIZADO DO Q-3

A oficina sobre o Q-3 consiste em três partes:

Parte um – Aprendendo o Q-3

Parte dois – Praticando o Q-3

Parte três – Prestação de contas e celebração.

Sessão de preparação para o líder da oficina:

Familiarize-se com o conteúdo deste livro antes de conduzir uma oficina do Q-3. Com bastante frequência, você será reconduzido ao conteúdo dos capítulos deste livro enquanto lidera aqueles que estão sendo treinados. Leia o programa da oficina abaixo e pratique mentalmente como você lideraria outras pessoas através de cada uma das três partes.

Sessão de preparação para os que estão sendo treinados:

Antes de eles chegarem para a oficina, peça que leiam João 4. Peça-lhes para tentarem identificar as motivações de Jesus em João 4.28-42 que vão compelir um cristão para os campos de colheita.

Aprendizado voltado à atividade:

As oficinas do Q-3 não são longas (geralmente 4 a 6 horas), mas são deliberadamente orientadas para a atividade. Ao aprender o método de testemunho Q-3, os participantes praticam cada passo com um parceiro. Após cada passo ser ensinado, ele é "fixado" à medida que as duplas praticam.

A prática não faz a perfeição, mas prepara aqueles que estão sendo treinados e lhes dá confiança. Quanto mais eles praticam, mais entendem. A prática de antemão dá aos participantes a competência e a confiança de que precisam para compartilhar o Evangelho naquela noite com alguém que acabaram de conhecer.

PARTE UM: APRENDENDO O Q-3

SEGMENTO I: MOTIVAÇÕES PARA O EVANGELISMO Q-3

(30 minutos – 1 hora)

Objetivo do segmento: Familiarização com as motivações para entrar no campo de colheita encontrado em João 4.28-36.

Compare as descobertas daqueles que estão em treinamento com as cinco motivações encontradas no Capítulo 9 deste livro.

1. Leve os que estão em treinamento a ver a base bíblica de cada uma das cinco motivações descritas no Capítulo 9.

2. Em grupos pequenos de 3 a 4 pessoas, faça com que aprendizes discutam como cada motivação impacta seu testemunho.

3. Finalmente, em pares, testem um ao outro sobre as cinco motivações para o testemunho.

SEGMENTO 2: PERSPECTIVAS DO Q-3

(30 minutos – 1 hora)

Objetivo do segmento: Familiarização com as *Perspectivas do Q-3* descritas no Capítulo 7.

De maneira breve, descreva para os que estão em treinamento cada uma das cinco *Perspectivas do Q-3*. Solicite que eles respondam as seguintes "perguntas-chave", tomando cuidado para desenvolver os "pontos a enfatizar" listados abaixo.

Intencional

Pergunta-chave: Por que Jesus *teve* que ir à Samaria?

Ponto a enfatizar: Jesus não teve que ir por motivos físicos ou logísticos, mas por razões de obediência.

Pergunta-chave: O encontro de testemunho de Jesus no poço foi planejado ou espontâneo?

Ponto a enfatizar: Saliente como o estilo de evangelismo do Q-3 *é* planejado, mas é espontâneo por causa do agir do Espírito.

Informal

Pergunta-chave: O encontro de testemunho de Jesus foi formal ou informal?

Ponto a enfatizar: O encontro de testemunho de Jesus foi informal. Peça para que avaliem a experiência em uma escala de formalidade, com 1 para menos formal e 10 para mais formal. Saliente que a cultura na época de Jesus não permitia uma interação formal entre um homem e uma mulher.

Interativo

Pergunta-chave: Jesus pregou para a mulher ou conversou de forma interativa com ela?

Ponto a enfatizar: Jesus falou de forma interativa com a mulher. Saliente que Jesus falou sete vezes e a mulher falou seis vezes durante a conversa.

Tomando a iniciativa

Pergunta-chave: Quem conduziu a conversa entre Jesus e a mulher?

Ponto a enfatizar: Embora possamos iniciar uma conversa fazendo perguntas e dando respostas, não a finalizamos aí. Conduzir ou dirigir a conversa para o Evangelho é vital para o testemunho eficaz. Leia em voz alta a conversa de Jesus com a mulher em João 4.7-26. Peça aos participantes para dizerem "conduzir" cada vez que Jesus tomou a iniciativa para direcionar a conversa para outro caminho.

Apresentando o Messias

Pergunta-chave: Qual foi a coisa mais importante que Jesus quis comunicar a esta mulher em João 4.25s?

Ponto a enfatizar: Jesus quis que ela soubesse que ele era o Messias.

Pergunta-chave: O que significa para nós apresentar o Messias?

Ponto a enfatizar: Faça com que um dos participantes leia Lucas 24.44-49 e então responda a pergunta-chave: *Qual é a coisa mais importante que nós podemos comunicar a uma pessoa perdida?* Agora faça com que ele leia 1 Coríntios 1.17 e faça o mesmo.

SEGMENTO 3: DOMINANDO O Q-3
(2h30min – 3h30min)

Objetivo do segmento: Para que os participantes do treinamento ganhem confiança e habilidade nos cinco passos do Q-3 como descritos no Capítulo 2.

Diga em voz alta os cinco passos do Q-3: *Faça contato. Direcione a conversa para Deus. Direcione para o estado de perdição. Direcione para o Evangelho. Direcione para uma decisão.*

Faça com que os participantes repitam cada um desses passos depois de você. Então, faça com que os participantes repitam junto com você. Repita esta atividade.

Discuta com os participantes como cada um dos cinco passos do Q-3 aparece no testemunho de Jesus à mulher no poço em João 4.

Passo um: Faça contato (15 minutos)
Discuta como Jesus fez contato com a mulher no poço (João 4:7).

Ponto a enfatizar: Para esta prática, limite o passo "Faça contato" em 3 ou 4 minutos por meio de duas perguntas: "*Como* vai você?" e "*Quem* é você?"

Faça a transição de "Faça contato" para "Direcione a conversa para Deus" usando a seguinte pergunta de transição.

Pergunta de transição: "Você é hindu, muçulmano, budista ou cristão?" ou "Que religião você segue?"

Neste momento, você pode ouvir uma de três respostas que pode atrapalhar seu progresso. Aproveite a oportunidade para praticar conduzir ou redirecionar a conversa em direção ao próximo passo do Q-3.

Três respostas comuns

Resposta nº1: "Sou muçulmano, mas creio que todas as religiões são boas".

A réplica do Q-3: Sim, a maioria das religiões é igual, não é verdade? Todos nós tentamos agradar a Deus e estamos tentando obter perdão para nossos pecados. Somos todos pecadores, não somos?

Resposta nº2: "Sou muçulmano" (silêncio).

A réplica do Q-3: A maioria das religiões é igual, não é verdade? Todos nós tentamos agradar a Deus e estamos todos tentando obter perdão para nossos pecados. Somos todos pecadores, não somos?

Resposta nº3: "Sou muçulmano, e você?"

A réplica do Q-3: Fui criado em um lar religioso. Eu costumava tentar arduamente ser uma boa pessoa, para que pudesse agradar a Deus. Contudo, embora tentasse ser bom, nunca era bom o suficiente. Deus está no céu e é santo, mas nós na terra não somos santos. Através de nossa religião, tentamos agradar a Deus com nossas boas obras, mas nunca é o suficiente. Subimos e depois caímos. Subimos e depois caímos. É frustrante, não é? A maioria das religiões é igual, não é? Estamos todos tentando agradar a Deus, para que nossos pecados sejam perdoados.

Se você receber a resposta nº3, pode usar a ilustração "O esforço humano não pode substituir os pecados", que se encontra no Apêndice B.

Agora, em duplas, pratiquem a transição do "Faça contato" para "Direcione a conversa para Deus" com uma pessoa servindo como testemunha Q-3 e a outra como um muçulmano. Depois, troquem os papéis.

Passo dois: Direcione a conversa para Deus (30-45 minutos)

Ponto a enfatizar: Se eles ainda não tiverem dito, direcione a conversa para a observação de que "A maioria das religiões é igual, não é? A maioria das religiões está tentando agradar a Deus e pagar a dívida de nossos pecados".

Então diga: "Todos somos pecadores, não somos? Até mesmo boas pessoas pecam. Pecar é fácil, mas pagar a Deus por nossa dívida de pecados é muito mais difícil, não é?"

Capítulo 13 - A oficina sobre o Q-3

Pergunta de transição: "Em sua religião, o que você está fazendo para pagar sua dívida de pecados?" ou "Em sua religião, o que você está fazendo para agradar a Deus?"

Um muçulmano normalmente irá listar o seguinte: orações diárias, dar esmolas e jejuar durante o Ramadã. Eles também podem listar a peregrinação a Meca ou a confissão de fé muçulmana.

Discuta e demonstre "Direcione a conversa para Deus". Faça com que os participantes pratiquem "Direcione a conversa para Deus" em duplas.

Passo três: Direcione para o estado de perdição (30-45 minutos)

Resuma o que você ouviu de seu amigo muçulmano repetindo o que ele disse: "Então, você está tentando pagar seus pecados orando cinco vezes ao dia, dando esmolas, jejuando durante o Ramadã e fazendo peregrinação a Meca".

Agora faça estas três perguntas:

1. "Seus pecados já estão perdoados?"
2. "Quando seus pecados serão perdoados?" e
3. "No dia do julgamento, você sabe se seus pecados serão perdoados?"

Declaração de transição: "O que eu creio é diferente. Sei que meus pecados estão perdoados".

Façam duplas e pratiquem "Direcione para o estado de perdição" com uma pessoa servindo como testemunha Q-3 e a outra como um muçulmano. Depois, troquem de papéis.

Passo quatro: Direcione para o Evangelho (1h a 1h30min)

Conte "A primeira e a última história de sacrifício" do Capítulo 6. Não permita que o tamanho dessa história o desanime. É apenas a história de Adão e Eva com uma breve história sobre Jesus mesclada a ela. Para torná-la fácil para os participantes do treinamento aprenderem, você pode dividir a história em três partes e uma conclusão.

A primeira parte da história começa com a frase: "Jesus, a Palavra de Deus, estava no céu com Deus desde o princípio" e termina com "Você sabe por que Jesus disse, 'eu tenho que morrer'?"

A segunda parte começa com "a resposta está no *Taurat* (o que os muçulmanos chamam de os livros de Moisés)" e termina com "Todos os nossos antepassados ofereciam sacrifícios para terem seus pecados perdoados: Adão e Eva, Caim e Abel, Noé, Abraão, Moisés, Davi, etc."

A terceira parte da história começa com: "Então, Jesus veio, como eu lhe disse anteriormente" e termina com: "A Bíblia nos diz que, se nos entregarmos a Jesus como Senhor e crermos que ele pagou por nossos pecados por meio de seu sacrifício e ressuscitou dentre os mortos, nossos pecados serão perdoados".

A conclusão da história é: "E é por isso que sei que meus pecados estão perdoados".

Pergunta de transição: "Faz sentido que não consigamos pagar por nossos próprios pecados, mas que Deus tenha criado uma maneira para nossos pecados serem perdoados por meio do sacrifício de Jesus, não é mesmo?"

Faça com que os participantes formem duplas e pratiquem contar uma das três partes de "A primeira e a última história de sacrifício" cada vez. Depois de cada participante contar uma das três partes da história, faça com que o outro participante conte a próxima parte, alternando até que a história esteja completa. Depois disso, repita o processo.

Passo cinco: Direcione para uma decisão

Pergunta de transição: "Você crê que Jesus morreu como um sacrifício por nossos pecados e ressuscitou dentre os mortos?"

Discuta e demonstre como levar alguém a Cristo de acordo com "Leve as pessoas a se entregarem a Cristo", no Capítulo 12. Peça aos participantes para praticarem recolher a rede em duplas.

Meça o nível de receptividade com base na resposta para suas duas perguntas do "Direcione para uma decisão". Ele pode responder: "Sim", "Não" ou "Eu não sei".

1. Se ele disser "Sim" (Se ele crê no Evangelho):

   a) Certifique-se de que ele entende perguntando: "Então, você crê que Jesus morreu por nossos pecados e ressuscitou dentre os mortos?"

   b) Leia ou cite Romanos 10.9s.

   c) Esclareça que as qualificações para a salvação são entregar-se a Jesus como Senhor e crer no Evangelho.

d) Conduza-o à fé dizendo "o modo pelo qual as pessoas comumente se entregam a Jesus é através da oração. Que tal se eu o conduzir em oração para se entregar a Jesus".

2. Se ele disser "Não". (Se ele não estiver aberto ao Evangelho)

a) Revise o Evangelho rapidamente e então sinta-se livre para mudar de assunto.

3. Se ele disser "Eu não sei", ele pode estar aberto ao Evangelho, mas não ainda pronto para receber Cristo.

a) Se o horário permitir, logo em seguida, conte a história de Abel e Caim, enfatizando que Deus recebia sacrifício animal.

b) Se o horário não permitir um acompanhamento imediato, pergunte se vocês podem se encontrar dentro de um dia ou dois para estudar com ele uma das histórias de sacrifício do Antigo Testamento.

c) Peça permissão para orar por ele em nome de Jesus. Ore por suas necessidades pessoais e para Jesus confirmar o Evangelho para ele.

Agora, formem duplas e pratiquem recolher a rede.

SEGMENTO 4: DOMINE AS TRANSIÇÕES

(30 minutos)

Memorizar os cinco passos do Q-3 é surpreendentemente fácil. Dominar as sentenças e perguntas de transição pode ser desafiador. Sair de um passo do Q-3 para o próximo é vital para a eficácia. Aprender as transições vai fazer com que seja muito mais fácil.

Reúnam-se em duplas e pratiquem os cinco passos com estas sentenças de transição.

Passo um: Faça contato

Transição n° 1: "Você é hindu, muçulmano, budista ou cristão?"

Passo dois: Direcione a conversa para Deus

Transição n° 2: "Em sua religião, o que você está fazendo para pagar por sua dívida de pecado?" ou "Em sua religião, o que você está fazendo para agradar a Deus?"

Passo três: Direcione para o estado de perdição

Transição nº 3: "O que eu creio é diferente. Eu sei que meus pecados estão perdoados porque o próprio Deus criou uma maneira para nossos pecados serem perdoados".

Passo quatro: Direcione para o Evangelho

Transição nº 4: "Faz sentido que não consigamos pagar por nossos próprios pecados, mas que Deus tenha criado uma maneira para nossos pecados serem perdoados por meio do sacrifício de Jesus, não é mesmo?"

Passo cinco: Direcione para uma decisão

Transição nº 5: "Você crê que Jesus morreu como um sacrifício por nossos pecados e ressuscitou dentre os mortos?"

Agora que o treinamento está completo, os participantes estão prontos para colocarem em prática aquilo que aprenderam.

PARTE DOIS: PRATICANDO O Q-3

A parte dois da oficina do Q-3 é o momento em que seu treinamento transforma-se em ação. Nesta parte da oficina, seus participantes vão sair para a comunidade para praticar o Q-3. É geralmente melhor, embora não seja essencial, que os participantes saiam em duplas. Antes de saírem, peça para que identifiquem pessoas que gostariam de visitar ou lugares onde podem fazer caminhada de oração com o objetivo de desenvolver conversas do tipo Q-3.

Sessão de atividades:

Atribua aos participantes a tarefa de saírem durante o dia ou à noite para usar o Q-3 para testemunhar a, pelo menos, duas pessoas. Lembre-os de que cada um deles deve compartilhar todo o Evangelho e perguntar à pessoa se ela crê nele.

Agende horário e local para a parte final de sua oficina – Parte três: Prestação de contas e celebração.

Ore pelos participantes e envie-os a proclamar o Evangelho no estilo Q-3. Lembre-os de estarem continuamente em oração para que Deus os conecte com alguém a quem ele está preparando para ouvir o Evangelho.

Capítulo 13 - A oficina sobre o Q-3

PARTE TRÊS: PRESTAÇÃO DE CONTAS E CELEBRAÇÃO

Sua Oficina do Q-3 não estará completa sem a Parte três: "Prestação de contas e celebração". Quando feita corretamente, esta parte da oficina vai encorajar a fidelidade e edificar a fé para futuros esforços do Q-3. Você deve separar um horário para a Parte três no dia ou noite seguinte à sessão "Praticando o Q-3" da Parte dois.

Sessão de atividades:

Quando os participantes retornarem de sua experiência de testemunho Q-3, escreva os cinco passos do evangelismo Q-3 em um lado do quadro, e as cinco características ou "Perspectivas do Q-3" (Intencional, Informal, Interativo, Tomando a iniciativa, Apresentando o Messias) no outro lado.

Peça aos participantes para relatarem seu progresso com relação a cada um dos cinco passos do Q-3. Tire um tempo para desfrutar da aventura deles. Celebre seus sucessos e encoraje-os em suas deficiências.

À medida que cada participante compartilhar suas experiências com o Q-3, leve o grupo a analisar seus relatórios de acordo com as cinco "Perspectivas do Q-3" (Intencional, Informal, Interativo, Tomando a iniciativa, Apresentando o Messias).

É claro que foi *Intencional*, pois eles estavam cumprindo sua tarefa. Pergunte-lhes quantas pessoas ouviram o Evangelho porque eles, intencionalmente, o compartilharam? Suas experiências de testemunho foram *Informais*? Faça as seguintes perguntas: A quem eles testemunharam? Onde eles testemunharam? Suas experiências foram *Interativas* ou em estilo de pregação? Eles foram capazes de tomar a *Iniciativa* apropriada a fim de direcionar a conversa para o Evangelho? Que obstáculos eles enfrentaram?

Finalmente, eles *Apresentaram o Messias*? Quantos deles realmente compartilharam o Evangelho com alguém? Alguém convidou Jesus a entrar em sua vida como Senhor e Salvador? Celebre com quem compartilhou o Evangelho. Encoraje aqueles que ainda não compartilharam o Evangelho a fazê-lo antes do fim do dia. Celebre qualquer pessoa que tenha vindo para uma nova vida em Cristo.

A sessão "Prestação de contas e celebração" do Q-3 também deve apresentar a importância do acompanhamento daqueles que professaram a fé ou foram receptivos ao Evangelho. O próximo capítulo, "Acompanhamento para um MPI", descreve como fazemos um acompanhamento. Este método permite-nos chegar ao começo de uma nova igreja com um novo convertido, em vez de levá-lo à igreja conosco. Você pode agendar algum tempo adicional com seus participantes do Q-3 apenas para percorrer o processo de acompanhamento com eles.

Capítulo 14

Acompanhamento para um Movimento de Plantação de Igrejas

Depois de levar alguém a ter fé em Cristo, o acompanhamento é o elemento mais importante que determina se o novo cristão permanecerá um convertido solitário ou se ele se tornará a semente de uma nova igreja. Na verdade, o novo cristão pode ser a pessoa que Deus use para iniciar um movimento de plantação de igrejas.

Em nosso próprio movimento emergente de plantação de igrejas, usamos um planejamento de acompanhamento de discipulado que segue os passos apresentados no Capítulo 11. Os passos que seguimos a partir do novo cristão até o movimento de plantação de igrejas são: permaneça em Cristo, evangelismo ousado (Q-3), apresente o discipulado multiplicador, desenvolva igrejas e seja igreja e capacite líderes.

Vamos revisar cada aspecto desses passos.

PERMANEÇA EM CRISTO

Permanecemos em Cristo à medida que praticamos a caminhada com Cristo, a Palavra de Cristo e as obras de Cristo. Os pré-requisitos para permanecer em Cristo são um espírito de humildade e uma disposição para morrer por Cristo.

EVANGELISMO OUSADO

O Q-3 é evangelismo ousado. Praticamos evangelismo ousado com pessoas que dizem "sim" para o Evangelho ou que expressam uma receptividade para aprender mais sobre o Evangelho. Vamos primeiramente olhar para como fazemos o acompanhamento de pessoas receptivas, mas ainda não cristãs. Depois disso, examinaremos como fazemos o acompanhamento de novos convertidos.

Acompanhamento de pessoas receptivas

Convidamos pessoas que estão abertas ao Evangelho para se reunirem conosco duas vezes por semana a fim de aprender mais sobre o Evangelho usando histórias de sacrifício do Antigo Testamento. Em nosso movimento de plantação de igrejas, adaptamos o método de treinamento de discipulado e evangelismo chamado "TpT *Re*-Revolução do Discipulado", que foi desenvolvido por um de nossos colegas missionários na Ásia.[26] Muito do que você leu neste capítulo foi extraído daquele programa de treinamento de discipulado multiplicador.

O TpT começa com a primeira visita de acompanhamento e continua com o estabelecimento de comunidades de discipulado multiplicador ou igrejas. Há três objetivos a cada vez que nos reunimos:

1. encorajá-los e fazer com que prestem contas,

2. ensinar-lhes uma história ou lição nova da Bíblia, discutindo-a com o uso de perguntas interativas e

3. orar uns pelos outros e enviá-los.

Os parágrafos seguintes explicam como isso é realizado.

Primeiramente, promovemos o tempo de prestação de contas. Na primeira reunião de acompanhamento, nós os elogiamos pela disposição em vir e aprender mais sobre Deus. Então, lhes perguntamos: "Vocês compartilharam 'A primeira e a última história de sacrifício' que eu lhes contei com alguém?" Durante nosso encontro de testemunho Q-3, não lhes demos a tarefa de compartilhar a história, mas é útil ver se eles compartilharam sem que fosse pedido. Começando com a primeira visita de acompanhamento, revisamos a história com eles e os desafiamos a compartilhá-la com cinco outras pessoas. Na próxima vez que nos encontramos nós lhes perguntamos: "Com quem vocês compartilharam a história?" e "Como foi?" Se eles tiveram dificuldades, nós os encorajamos e revisamos a história mais uma vez. Se eles obtiveram sucesso, celebramos a fidelidade deles. Este modelo de encorajamento, prática e prestação de contas causa um padrão de obediência ativo à Palavra de Deus.

---

26 A abordagem do discipulado TpT é totalmente explicada no livro de Steve Smith e Ying Kai, *TpT: Re-Revolução do Discipulado* (Rio de Janeiro: Sabre, 2014). Uma breve apresentação do TpT é encontrada no website: www.T4TOnline.org. (Site em inglês. Acesso em 24/03/2017.)

Capítulo 14 - Acompanhamento para um Movimento de Plantação de Igrejas

Depois de demonstrarem ser fiéis por terem compartilhado "A primeira e a última história de sacrifício", uma nova história lhes é ensinada. Depois desta, recontamos a história de Adão e Eva com algumas informações adicionais. A história de Adão e Eva é fundamental, pois capacita uma pessoa a compartilhar o Evangelho com outras, mesmo que ela mesma ainda não o tenha aceitado totalmente.

Na segunda narrativa da história de Adão e Eva, acrescente a história de Caim e Abel. Em cada reunião subsequente, você pode acrescentar outra história de sacrifício do Antigo Testamento. Cada uma destas histórias culmina com uma apresentação do Evangelho. As outras histórias de sacrifício incluem as narrativas sobre Noé, Abraão, Moisés (Páscoa) e Moisés (Lei). Depois de contar cada história, use seis perguntas para estimular uma interação reflexiva e exemplificar a maneira pela qual novos cristãos também vão estudar a Bíblia em sua ausência.[27]

1. Em primeiro lugar, pergunte-lhes: "Você pode recontar a história?" Eles podem ficar um pouco apreensivos no início, mas com um pouco de encorajamento, serão capazes de fazê-lo. Depois de recontarem a história, faça as seguintes perguntas:

2. O que aprendemos sobre o Senhor com esta história?

3. Qual é a parte mais interessante desta história para você?

4. Por que esta história ainda é relevante?

5. O que devemos obedecer nesta história?

6. Quem são as cinco pessoas a quem você vai contar esta história antes de nosso próximo encontro?[28]

O ponto principal de cada uma das histórias iniciais de acompanhamento é que um sacrifício foi oferecido porque foi isso que Deus exigiu. Ao discutir cada história, compartilhe o Evangelho novamente. Isso se encaixa bem com a quarta pergunta: "Por que esta história ainda é relevante?" A história ainda é relevante porque Deus nos ensina que o perdão dos pecados exige um sacrifício de sangue. E Jesus Cristo é o Cordeiro de Deus, cujo sacrifício próprio pagou pelos pecados do mundo.

---

27 Este processo pode ser feito apenas com um indivíduo ou com um grupo.

28 Em contextos de grande perseguição você pode discutir e orar com o participante, com antecedência, sobre como compartilhar de maneira ousada, porém, sábia.

Por fim, oramos pela pessoa em nome de Jesus. Oramos por suas necessidades pessoais e familiares, e também para que Deus a guie na verdade e a proteja do erro. Orar para que Deus a ajude a contar a história para as cinco pessoas que ele designou também vai encorajá-la a seguir com o compromisso.

Caso a pessoa professe fé em Cristo a qualquer momento, você já demonstrou um padrão para cada reunião subsequente:

1. celebrar a fidelidade,

2. estudar uma nova passagem, e

3. enviá-lo.

O padrão de três partes se desenvolverá em um padrão mais maduro com o tempo, mas estes três elementos essenciais de uma reunião semanal já estão presentes na primeira visita de acompanhamento.

Quando a pessoa estiver pronta para se arrepender do pecado e voltar-se para Cristo, leve o novo cristão a orar para entregar-se a Cristo. Sempre que uma pessoa professar a fé, procure batizá-la o mais rapidamente possível, de acordo com a Grande Comissão (Mt 28.18-20).

Agora, vamos dar uma olhada no processo que usamos para o acompanhamento de novos convertidos.

PROCESSO DE ACOMPANHAMENTO DOS NOVOS CONVERTIDOS

A primeira reunião de acompanhamento ocorre imediatamente após a conversão e foca na história do eunuco etíope (At 8.25-40). Depois de discutir a história, explique que o batismo simboliza a morte e ressurreição de Jesus Cristo (Rm 6.4), e é realizado em obediência à Grande Comissão (Mt 28.18-20). Siga o padrão de batismo apresentado em Atos.[29]

Em sua segunda reunião com o novo cristão, ensine, discuta e ajude-o a aprender a história sobre frutos de arrependimento na igreja de Éfeso (At 19.13-20). O verso de apoio é 1 Pedro 1.14-16. O objetivo dessa reunião é

---

29 O batismo em Atos segue um padrão que pode ser lembrado de forma sequencial: após sua profissão de fé em Jesus Cristo, todas as pessoas que professavam fé eram batizadas; imersão era sempre a forma praticada; aquele que os alcançava, era geralmente quem os batizava, e o batismo era urgente (imediato) como uma demonstração de obediência. A implementação da fórmula de Atos é vital para facilitar a transferência geracional do Evangelho e do batismo.

Capítulo 14 - Acompanhamento para um Movimento de Plantação de Igrejas

que o novo convertido quebre padrões pecaminosos de sua vida anterior à conversão, incluindo qualquer prática ocultista.[30]

Na terceira reunião pós-conversão, ensine, discuta e aprenda a passagem de João 15.1-8. Essa é a primeira vez que uma passagem da Bíblia, em vez de uma história, é usada como material de aula. O objetivo desta reunião é apresentar as três chaves para permanecer em Cristo: a caminhada com Cristo (oração contínua), a Palavra de Cristo (obediência aos mandamentos de Cristo) e as obras de Cristo (fazer como Jesus fez). Você pode também apresentar o primeiro verso a ser memorizado nesta reunião: João 15.5.[31]

PROMOVA O DISCIPULADO MULTIPLICADOR

Considerando que as lições iniciais de acompanhamento focam no relacionamento do novo convertido com Deus, as lições na seção "o Discipulado Multiplicador" estão concentradas no lado de fora. Essas lições vêm imediatamente após as lições iniciais de acompanhamento. Elas são desenhadas para preparar o novo convertido a alcançar seus familiares, amigos e conhecidos, e, potencialmente, iniciar uma nova corrente de plantação de igrejas.

Primeira lição: Estudar a história de Cornélio (At 10.1-48), utilizando a abordagem das seis perguntas do acompanhamento para a seção pessoas receptivas. Memorizem 2 Timóteo 2.2 juntos.

Faça "Listas *Oikos*" de familiares, amigos e conhecidos como os da página 119. Ore pela salvação daqueles nas listas e por orientação para saber com quem compartilhar o Evangelho usando o Q-3, que será ensinado como o próximo objetivo.

Segunda lição: Ensine-os a usar "A primeira e a última história de sacrifício" (encontrada no Capítulo 6) para compartilhar o Evangelho.

A partir de suas Listas *Oikos*, peça ao novo convertido para identificar em oração cinco pessoas a quem o Espírito o conduza. Leve o novo convertido a

---

30 Na fase de evangelismo "Direcione para uma decisão" ressaltamos o arrependimento ao convidar uma pessoa a entregar-se a Jesus Cristo como Senhor"". Reafirmamos o arrependimento na segunda visita de acompanhamento. Esta lição tem provado ser muito benéfica para ajudar animistas e espíritas a romperem com suas práticas anteriores à conversão.

31 Depois que as etapas de acompanhamento de um novo convertido são concluídas, este deve dominar as outras histórias de sacrifício na seção "Acompanhamento de pessoas receptivas", caso não o tenha feito ainda. Isso irá capacitá-lo a alcançar, reunir e liderar um grupo em sua comunidade. Continue a se reunir com o novo convertido semanalmente, e depois quinzenalmente, a fim de mentoreá-lo no processo de evangelismo e início de igrejas-lares.

orar por essas pessoas e fazer planos para testemunhar a elas usando o Q-3. A testemunha deve convidar pessoas receptivas para estudar as histórias de sacrifício duas vezes por semana, seguindo o mesmo processo que foi usado para alcançá-la e acompanhá-la.

Terceira lição: Organize uma reunião de acompanhamento para avaliar os resultados e dominar ainda mais o método Q-3. Assim que o novo convertido tenha uma boa compreensão do Q-3, vá para a quarta lição.

Quarta lição: Estude Atos 16.22-34 e ensine três fatores vitais para alcançar seus *oikos* (família, amigos e conhecidos). O primeiro fator é a Boa Nova do Evangelho. Quando eles compartilharem o Evangelho, o Espírito Santo convencerá as pessoas de seus pecados e muitos se tornarão cristãos. O segundo fator é a sua vida transformada. Quando as pessoas testemunham, mudanças positivas ocorrem em suas vidas, e ao ouvirem seus testemunhos pessoais, elas serão atraídas para Jesus. O terceiro fator é o poder de Jesus Cristo. O novo cristão pode definir um padrão de oração pelas pessoas em nome de Jesus. Orar por soluções de problemas no lar, doenças, tentações, etc. convida Jesus a revelar-se em suas vidas.

LISTAS OIKOS

FAMÍLIA

1. _____   6. _____

2. _____   7. _____

3. _____   8. _____

4. _____   9. _____

5. _____   10. _____

AMIGOS

1. _____   6. _____

2. _____   7. _____

3. _____   8. _____

4. _____   9. _____

5. _____   10. _____

CONHECIDOS

1. _____   6. _____

2. _____   7. _____

3. _____   8. _____

4. _____   9. _____

5. _____   10. _____

DESENVOLVA IGREJAS-LARES MULTIPLICADORAS

INSTRUÇÕES PARA O DESENVOLVIMENTO DE GRUPOS DE ESTUDO EM IGREJAS-LARES

Encoraje todos os novos discípulos a reproduzirem o processo de treinamento com um novo grupo que eles tenham iniciado enquanto ainda estavam frequentando o grupo original. Depois do estágio inicial de acompanhamento, as reuniões com os grupos devem acontecer semanalmente, garantindo tempo ao novo convertido para também iniciar um novo grupo.

À medida que os novos discípulos avançam em sua compreensão, prática e obediência às histórias bíblicas, o conteúdo da reunião semanal de acompanhamento se configura em uma reunião de igreja-lar, tomando forma definitiva enquanto aqueles que participam do grupo são batizados. Cada reunião ainda segue o formato de três partes:

1. encorajamento e tempo de prestação de contas,
2. ensinar uma nova história da Bíblia e discuti-la usando perguntas interativas e baseadas na obediência, e
3. orar por eles e enviá-los.

Os parágrafos seguintes explicam como isso se dá.

PRIMEIRA PARTE DA REUNIÃO

A ordem dos elementos na primeira parte da reunião da igreja-lar pode variar, mas deve sempre incluir encorajamento e prestação de contas. Encorajem-se mutuamente na caminhada cristã. Perguntem uns aos outros se foram obedientes à lição anterior, bem como se a têm ou não ensinado a outros. Perguntem uns aos outros quem compartilhou o Evangelho com 3 a 5 pessoas desde a reunião anterior. Orem uns pelos outros e encorajem uns aos outros. Quando alguém demonstra obediência a Cristo, celebre sua fidelidade. Lançar uma visão para a fidelidade é também essencial na primeira parte da reunião. Em nosso próprio movimento, recitamos juntos uma breve declaração de visão: "O Evangelho para cada pessoa e uma igreja-lar em cada vilarejo do nosso povo".

Se vocês cantam ou recitam Salmos juntos ou não, pode variar dependendo da sua situação de segurança. Este tempo de louvor pode ocorrer na primeira ou na segunda parte da reunião. Em nosso movimento, incluímos a seguinte profissão de fé: *Jesus Cristo é Senhor, para glória de Deus Pai* (Fl 2.11b). [Ele] *deseja que todos os homens sejam salvos e cheguem ao conhecimento da verdade. Porquanto há um só Deus e um só Mediador entre Deus e os homens, Cristo Jesus, homem, o qual a si mesmo se deu em resgate por todos* (1Tm 2.4-6a).

SEGUNDA PARTE DA REUNIÃO

A segunda parte da reunião é primordialmente o estudo interativo da Bíblia. Embora usemos histórias bíblicas contadas oralmente nas sessões iniciais de acompanhamento, os novos grupos rapidamente começam a estudar passagens diretamente da Bíblia, presumindo-se que pelo menos uma pessoa no grupo saiba ler. O conjunto de seis perguntas basicamente permanece o mesmo. No entanto, em vez de recontar a história, a primeira pergunta é: "Qual o assunto dessa passagem?" Além disso, para a pergunta final, podemos solicitar ao discípulo que compartilhe a história com três pessoas, em vez de cinco a quem ele vai testemunhar mais tarde.

PARTE FINAL DA REUNIÃO

A parte final da reunião inclui três atividades: a prática da lição, o estabelecimento de objetivos e a oração de comissionamento. O objetivo da prática é que os participantes possam dominar a lição que vão ensinar aos outros. O treinamento, muitas vezes, inclui um versículo para ser memorizado. Os participantes estabelecem objetivos sobre para quantas e quais pessoas eles vão ensinar a lição e compartilhar o Evangelho antes da próxima reunião. Por fim, os participantes oram uns pelos outros, comissionando-se de volta ao mundo para ensinar e compartilhar o Evangelho.

Durante as semanas seguintes, o grupo de discipulado de acompanhamento assume cada vez mais características de uma igreja baseada no discipulado. À medida que o grupo completa as quatro lições iniciais, pode fazer a transição para um estudo de 20 lições destinado a ajudá-los a amadurecer como discípulos e como igreja.

DEZ ESTÁGIOS DE CRESCIMENTO ESPIRITUAL PARA IGREJAS–LARES

O objetivo de cada seguidor de Cristo e de cada igreja é tornar-se espiritualmente maduro. Usamos 20 lições para orientar discípulos e igrejas-lares emergentes através de dez estágios de desenvolvimento espiritual. As dez fases de crescimento espiritual espelham o processo de crescimento do corpo físico, com uma exceção. A primeira fase do crescimento físico é o nascimento, mas a primeira fase de crescimento espiritual é a morte – que é a identificação com a morte de Jesus Cristo.

Cada lição inclui um texto das Escrituras, que os participantes do grupo vão estudar juntos na segunda parte da reunião, usando as seis perguntas interativas. O líder do grupo deve selecionar um versículo para memorização para cada lição, que será memorizado em conjunto durante a parte final da reunião. Mantendo-se o padrão que já foi estabelecido, os participantes vão rever o resumo da lição de modo que eles serão capazes de ensiná-la a 3 a 5 pessoas antes da próxima reunião.

Cada um dos "Dez Estágios de Crescimento Espiritual" contém duas lições bíblicas. Isso geralmente requer cinco meses de reuniões semanais para ser concluído. Depois que essas 20 lições forem concluídas, muitas igrejas-lares passam a estudar o Evangelho de Marcos, parte por parte. Isso geralmente é seguido por estudos de Atos e Efésios.

O primeiro estágio, *Identificação com a morte de Jesus Cristo*, cobre as lições: A Ceia do Senhor (Mt 26.26-35) e Enfrentando perseguição (At 4.13-31).

O segundo estágio, *Novo nascimento*, cobre as lições: Novo nascimento pelo Espírito Santo (Jo 3.1-18) e O testemunho de Paulo (At 9.1-22).

O terceiro estágio, *Nova família* (O Corpo de Cristo), cobre as lições: A Cabeça do Corpo (Obediência a Cristo, Mt 4.18-25) e as Funções do Corpo (a Igreja, At 2.29-47). É neste ponto que os discípulos se comprometem juntos a tornarem-se uma igreja.

O quarto estágio, Comunicando-se com Deus (Oração), cobre as lições: Construindo intimidade com Deus através da Oração do Senhor (Mt 6.5-15) e Construindo intimidade com Deus através da oração espontânea (Mt 7.7-11).

O quinto estágio, *Alimento espiritual* (A Palavra de Deus), cobre as lições: Construindo um relacionamento íntimo com Deus através de sua Palavra (Lc 24.36-45) e Encontrando-se com Deus (Lc 10.38-42).

O sexto estágio, *Roupas novas para os seguidores de Jesus*, cobre as lições: As vestes exteriores (Ef 4.17-32), e as Vestes interiores (Mt 6.25-34).

O sétimo estágio, *Manter-se firme*, cobre duas lições: Superar a tentação (Mt 4.1-11) e a Armadura de Deus (Ef 6.10-18).

Capítulo 14 - Acompanhamento para um Movimento de Plantação de Igrejas   **127**

O oitavo estágio, *Caminhando como um seguidor de Jesus*, cobre duas lições: Caminhar na fé (Mt 14.22-33) e Caminhar em sinal de entrega (Jo 13.13-17).

O nono estágio, *Os traços de personalidade do cristão*, cobre duas lições: Amor (Lc 10.30-37) e Esperança (Jo 11.1-44).

O décimo estágio, *Crescendo em direção à maturidade*, cobre duas lições: Aprendendo a dar (Mc 12.41-44) e Dando à luz uma nova Igreja (At 16.6-15).

CAPACITE OS LÍDERES

A tarefa final a ser buscada no acompanhamento para um movimento de plantação de igrejas é capacitar líderes. À medida que muitas igrejas-lares se desenvolvem, você terá que fornecer treinamento contínuo e real para multiplicar líderes para essas igrejas e líderes da crescente rede de igrejas-lares. Tente fazer isso informalmente e de forma mais local possível. Fornecer materiais de treinamento de liderança bíblicos, simples e reproduzíveis é essencial para os líderes de igrejas e de redes de igreja para que cresçam fortes e enraizados na fé.

À medida que a necessidade surgia, desenvolvemos uma série de lições que cobria a doutrina básica cristã, discipulado e desenvolvimento de liderança (*Fundamentos*), bem como um estudo sistemático através de todo o Novo Testamento (*Raízes profundas*). Líderes da rede de igrejas-lares se reúnem semanalmente para treinamento de liderança local. Esses líderes emergentes também se reúnem mensalmente para prestação de contas e para estudar o material de treinamento de liderança. Bons materiais que abordam essas questões estão amplamente disponíveis e, por isso, não vamos fornecê-los para você aqui.

Não importa o material que você escolher usar para capacitar os líderes, concentre-se no processo, bem como no material. As reuniões de treinamento de liderança devem seguir o mesmo formato de três partes no qual você modelou as sessões de acompanhamento e a formação de igrejas lares.

Aqueles que estudam as lições devem ser capazes de ensiná-las a cristãos em suas igrejas-lares e nas redes. Este é o princípio de 2 Timóteo 2.2 na prática: *E o que de minha parte ouviste através de muitas testemunhas, isso mesmo transmite a homens fiéis e também idôneos para instruir a outros.* Se você, em vez disso, terceirizar o treinamento de liderança para os de fora, especialistas com altos certificados que não sejam locais, sua multiplicação de liderança será interrompida, resultando em uma escassez de líderes.

UMA IMAGEM VISUAL DOS PASSOS DO PLANO

Desde o início do processo do Q-3 até o acompanhamento, formação da igreja e desenvolvimento de liderança, você já foi exposto a uma grande quantidade de conteúdo. Muitos dos nossos participantes consideram benéfico ver como tudo isso se encaixa em uma única imagem visual.

Em seguida compartilhamos um gráfico que resume o processo do Q-3 do início ao fim. Chamamos isso de *A grande tarefa.* Este gráfico exibe todo o plano de uma vez.

Enquanto você dá uma olhada cuidadosa nele, verá cada um dos temas e elementos que você estudou neste livro. Gaste tempo revisando cada uma das cinco partes componentes do gráfico *A grande tarefa.* Experimente memorizá-lo. Agora pegue um pedaço de papel em branco e veja se você pode reproduzi-lo sem ajuda. À medida que essa imagem penetrar em seu coração, ela ajudará a guiá-lo em várias partes do Q-3 e como essas partes podem se encaixar para promover um movimento de multiplicação de igreja.

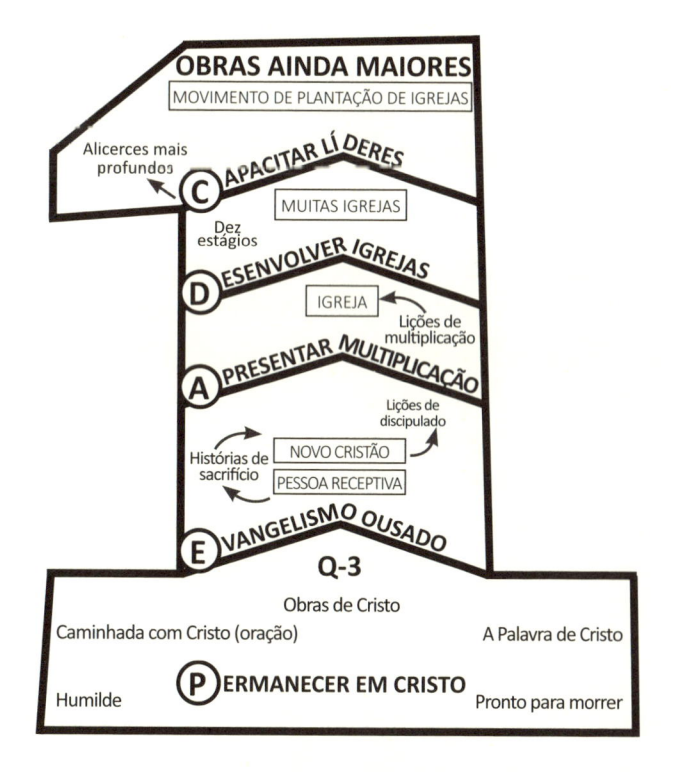

Capítulo 15

Lançamento!

Enquanto este livro está sendo impresso, nós continuamos recebendo novos relatos de como Deus está usando o Q-3 para estimular o evangelismo eficaz em outras partes do mundo muçulmano. Deus está usando o Q-3 para capacitar os cristãos com uma nova ferramenta ousada para colher nos lugares em que o Espírito Santo está trabalhando. Alguns povos muçulmanos estão vendo seus primeiros convertidos da história, enquanto outros já estão começando a produzir novas gerações de cristãos e igrejas.

PRATICANTES DO Q-3 OUVIRAM

O evangelismo Q-3 muitas vezes provoca respostas memoráveis. Abaixo estão alguns dos comentários que foram proferidos à medida que muçulmanos têm ouvido o Evangelho através do Q-3.

1. Anwar ouviu o Evangelho de um missionário fazendo a parte prática de uma oficina de Q-3 e concluiu: "Deus enviou você aqui para que eu pudesse ouvir esta mensagem".

2. Um taxista chamado Isa ouviu o Evangelho por meio do Q-3 e respondeu: "Tenho um amigo que já está falando de Jesus para mim. Qual é o próximo passo?"

3. Um missionário voluntário chamado Jesse estava compartilhando o Evangelho por meio de seu tradutor quando um muçulmano a quem eles estavam testemunhando disse: "Ontem à noite tive um sonho em que duas pessoas vieram à minha casa com uma mensagem. Uma falava o idioma local e a outra não. Será que vocês são as pessoas que vi no meu sonho?"

4. Depois de ouvir o Evangelho, um funcionário de hotel disse: "Na verdade, eu gosto dos ensinamentos de Jesus mais do que dos ensinamentos do nosso profeta".

5. Durante uma oficina de Q-3, Joan e Helen compartilharam o Evangelho com uma muçulmana chamada Leila, que concluiu: "Deus enviou vocês para cá para que eu pudesse ouvir esta mensagem".

6. Um cristão árabe que vivia no Oriente Médio aprendeu o Q-3 e imediatamente disse: "Agora conheço uma maneira simples e clara de compartilhar o Evangelho com meus vizinhos muçulmanos".

7. Várias vezes as pessoas recebiam a testemunha do Q-3 com um comentário: "Recentemente vi o filme *Jesus* na televisão". Isso facilmente resultava em uma conversa sobre o sacrifício de Jesus por nós na cruz.

8. Muitas pessoas respondem: "Parece que nem todos os caminhos levam ao céu. Posso ver agora que há apenas um caminho".

9. Um missionário voluntário chamado Bert ficou maravilhado quando um muçulmano com quem ele compartilhou o Evangelho disse: "Sim, é verdade. Os seguidores de Jesus sabem que seus pecados estão perdoados, mas os muçulmanos não têm essa certeza".

10. Recentemente, em um esforço evangelístico Q-3 em uma província muçulmana, quase 25% daqueles que ouviram o Evangelho disseram "Sim" para Jesus, e oraram para convidá-lo a entrar em suas vidas.

O Q-3 não é uma fórmula mágica, mas um caminho confiável para uma apresentação clara e eficaz do Evangelho. O poder está no Evangelho – o Q-3 apenas multiplica o testemunho do Evangelho. Talvez você já tenha notado que os cinco passos do Q-3 abordam preocupações humanas comuns que, na verdade, não estão limitadas ao mundo muçulmano.

Como resultado, muitos cristãos têm perguntado: "O Q-3 pode ser usado para alcançar outros povos que não sejam muçulmanos?" A resposta é "Sim". Isso já está acontecendo. Embora alguns aspectos do Q-3 sempre precisem ser adaptados ao público-alvo, os passos fundamentais podem ser aplicados a qualquer povo não alcançado.

Q-3 PARA TODOS

Porque o Evangelho é para todos, o Q-3 fornece uma via eficaz para também compartilhar o Evangelho com hindus, budistas e cristãos nominais. Pequenos ajustes na abordagem e na terminologia deixam o Q-3 culturalmente adequado para cada uma destas comunidades.

Os aspectos básicos do Q-3 não mudam. As características do encontro de testemunho são semelhantes: intencional, informal, interativo, tomando a iniciativa e apresentando o Messias.

A jornada dos cinco passos também permanece inalterada: faça contato, direcione a conversa para Deus, direcione para o estado de perdição, direcione para o Evangelho e direcione para uma decisão.

Os parágrafos a seguir vão oferecer algumas adaptações sugeridas para você começar a usar o Q-3 com outras comunidades religiosas.

CRISTÃOS NOMINAIS

Os cristãos nominais são pessoas que podem se chamar de cristãos, sejam católicos, protestantes ou ortodoxos, mas que ainda não se entregaram a Cristo através da fé para receber o perdão de Deus para os seus pecados. Eles ainda estão dependendo de suas obras para salvá-los, em vez de apenas o sacrifício de Cristo.

Recentemente, um colega treinou alguns jovens seminaristas no Q-3. Antes de fazer a tarefa de testemunhar a pessoas perdidas, um estudante tentou a abordagem com um pastor local. Quando perguntado sobre o que ele estava fazendo para que seus pecados fossem perdoados, o pastor listou várias boas obras que ele esperava que pudessem salvá-lo. Depois de admitir não saber ao certo se era salvo, o pastor ouviu o Evangelho e, então, professou sua fé em Cristo. Na verdade, o Evangelho é diferente de obras religiosas, até mesmo de obras religiosas *cristãs*.

Testemunhar aos cristãos nominais, especialmente católicos e ortodoxos, não é diferente de testemunhar aos muçulmanos. A abordagem do testemunho usa como ponto principal a doutrina da justificação com a pergunta: "O que você está fazendo para pagar sua dívida de pecado com Deus?" Embora a lista específica de boas ações que católicos e ortodoxos devem fazer para serem justificados de acordo com os seus preceitos religiosos sejam diferentes dos requisitos do islã, ambos têm rituais religiosos bem definidos.

Fazer contato é o mesmo em todos os contextos. Para chegar ao assunto ainda seria feito com a pergunta de transição: "Você é hindu, muçulmano, budista ou cristão?" Isso seria imediatamente seguido por uma discussão sobre a nossa pecaminosidade, até que tenhamos comum acordo de que todos nós somos pecadores.

Assim como na abordagem do Q-3 com muçulmanos, a testemunha perguntaria: "O que você está fazendo para obter perdão para seus pecados?" Usando perguntas interativas, a testemunha perguntaria o que a pessoa está fazendo para obter a salvação. Encerre esta seção usando as três perguntas padrão: "Seus pecados já estão perdoados?", "Quando eles vão ser perdoados?" e "Será que eles vão ser perdoados no dia do julgamento?"

Siga estas perguntas de transição com "A primeira e a última história de sacrifício" e, em seguida, faça a transição para a etapa final do Q-3, "Direcione para uma decisão".

Hindus

Embora o hinduísmo tenha muitas variações, um tema comum é a necessidade de fazer oferendas ou atos de adoração (chamados *puja*) para aplacar a ira do mundo espiritual. Os hindus praticam continuamente sua religião através da adoração e sacrifício para evitar que os deuses fiquem zangados com eles.

Ao falar com hindus, devemos nos concentrar na doutrina da propiciação, e não na de justificação, como a ponte para estabelecer o estado de perdição. Propiciação significa "a satisfação da ira de Deus". Em outras palavras, Jesus satisfez a ira de Deus para com os pecadores com o seu sacrifício expiatório.

No "Direcione para o estado de perdição", podemos citar Romanos 2: "Mas, segundo a tua dureza e coração impertinente, acumulas contra ti mesmo ira para o dia da ira e da revelação do justo juízo de Deus, que retribuirá a cada um segundo o seu procedimento" (Rm 2.5s).

Podemos perguntar ao nosso amigo hindu: "O que você está fazendo para que os deuses ou espíritos não fiquem zangados com você?" Depois de discutir o assunto, as três perguntas de acompanhamento seriam: "Os deuses ainda estão zangados com você?" "Quando você vai atingir o ponto em que os deuses já não estarão zangados com você?" e "Quando você morrer, será

Capítulo 15 - Lançamento!

que os deuses ainda estarão zangados com você?" Mais uma vez, os esforços deles não estão atendendo as expectativas para alcançar o objetivo pelo qual eles buscam, liberdade da ira de Deus, uma liberdade proporcionada pela obra salvadora de Jesus Cristo.

A boa notícia para os hindus é que, em Cristo, Deus já não está zangado com os pecadores. Como Paulo escreveu: "... porque Deus não nos destinou para a ira, mas para alcançar a salvação mediante nosso Senhor Jesus Cristo, que morreu por nós..." (1Ts 5.9-10a).

Podemos, então, fazer a transição para "A primeira e última história de sacrifício", dizendo: "O que eu acredito é diferente. Eu sei que Deus não está zangado comigo. O próprio Deus criou um meio para que sua ira fosse apaziguada". Você pode, então, seguir as histórias de sacrifício com o passo final do Q-3, "Direcione para uma Decisão".[32]

Budistas

Muitos dos que seguem o budismo popular compartilham uma cosmovisão que é semelhante à dos hindus. Assim como os hindus, estes budistas buscam proteção, bem como a bênção do mundo dos espíritos. Nesses casos, uma abordagem semelhante à adaptação do Q-3 feita para alcançar os hindus é eficaz.

Algumas outras escolas do budismo procuram adquirir mérito que lhes permitirão romper o ciclo da reencarnação. O Q-3 pode se envolver nessa cosmovisão com a pergunta: "O que você está fazendo para acumular mérito para se libertar da reencarnação?"

Para muitos budistas, porém, uma ênfase na reconciliação com Deus fala ao coração deles. A reconciliação é a doutrina pela qual Cristo restaurou a paz com Deus por meio da sua expiação na cruz. Dito de outra forma, já não somos mais inimigos de Deus.

Todas as pessoas estão tentando fazer as coisas certas para que possam ter paz com Deus. O problema é que nós nunca alcançamos a paz total com Deus. Pecamos todos os dias, o que nos lembra de que estamos separados de Deus.

---

32 Muitos missionários que estão usando o Q-3 com hindus e budistas estão substituindo "A primeira e última história de sacrifício" pela história "Da criação a Cristo". Esta começa com a criação do mundo espiritual e continua cronologicamente através do sacrifício e ressurreição de Cristo. Se você optar por usar "A primeira e última história de sacrifício", considere adicionar um prelúdio mostrando a preexistência de Deus e sua criação do mundo espiritual, juntamente com sua queda na rebelião. Esta "queda do mundo espiritual" também se torna útil para ajudar animistas a compreenderem a natureza da salvação de Deus.

O apóstolo Paulo apresentou a doutrina da reconciliação, em sua carta aos Coríntios: "Ora, *tudo* provém de Deus, que nos reconciliou consigo mesmo por meio de Cristo e nos deu o ministério da reconciliação, a saber, que Deus estava em Cristo reconciliando consigo o mundo, não imputando aos homens as suas transgressões, e nos confiou a palavra da reconciliação" (2Co 5.18s).

Ao praticar o Q-3 com budistas, podemos chegar ao "Direcione para o estado de perdição" perguntando: "O que você está fazendo para obter a paz com Deus?" A seção terminaria com a pergunta: "Você tem certeza de que está em paz com Deus?" "Quando isso vai acontecer?" "Quando você morrer, vai atingir a unidade e a paz com Deus que você deseja?"

Como de costume, a testemunha pode fazer a transição para o Evangelho, dizendo: "O que eu acredito é diferente". Em seguida diga: "Eu sei que estou em paz com Deus, mas não só porque eu tento ser uma boa pessoa. Estou em paz com Deus porque o próprio Deus já fez as pazes com a humanidade".

Porque Adão e Eva desobedeceram à ordem de Deus e comeram do fruto da árvore do conhecimento do bem e do mal, eles se separaram de Deus; seu relacionamento com Deus foi quebrado. Já não podiam desfrutar dos passeios e conversas dentro do jardim com seu Deus amoroso. Em vez disso, optaram por manter seu pecado oculto. Deus quis se reconciliar com o homem e a mulher que criou, então ele os chamou: "Onde estão vocês?" Deus deseja ter um relacionamento de reconciliação com sua criação.

Depois disso, você pode compartilhar uma apresentação do Evangelho, tal como "A primeira e última história de sacrifício". Embora budistas geralmente abominem a ideia de sacrifício de sangue, ela salienta o grande preço pago por nossos pecados e por nossa reconciliação. À medida que falamos sobre o sacrifício de Cristo, podemos enfatizar suas palavras: "Está consumado". Cristo é o último sacrifício e, para um budista, esta realmente é uma boa notícia.

Qualquer que seja o povo ou a cosmovisão que você está tentando alcançar, os cinco passos do Q-3 podem fornecer um caminho confiável e bíblico de conexão com Cristo. Assim como o Evangelho penetrou as cosmovisões pluralistas da época de Jesus, também pode falar com os homens e mulheres de hoje.

"VÁ PARA O CÉU!"

Jesus apresentou seu sermão sobre a Grande Comissão pelo menos cinco vezes durante diferentes aparições no período pós-ressurreição. Cada vez ele enfatizou algo diferente. Em Mateus 28.18-20, Jesus falou sobre o processo de discipulado – ir, batizar e ensinar. Em Marcos 16.15s e Atos 1.8, enfatizou seu âmbito magnânimo: o Evangelho é para todos e o batismo é para todo cristão. Em Lucas 24.44-47, Jesus apresentou a mensagem do Messias crucificado e ressurreto.

O relato de João sobre a Grande Comissão de Jesus particularmente nos desafia. *Disse-lhes, pois, Jesus outra vez: "Paz seja convosco! Assim como o Pai me enviou, eu também vos envio". E, havendo dito isto, soprou sobre eles e disse-lhes: "Recebei o Espírito Santo"* (Jo 20.21s). Os discípulos de Jesus deviam ser seus pés e sua voz para proclamar a sua salvação. O Espírito Santo os precederia, enchendo-os e operando com eles.

As seguintes palavras de Jesus nos surpreendem ainda hoje. Jesus disse: *"Se de alguns perdoardes os pecados, são-lhes perdoados; se lhos retiverdes, são retidos"* (Jo 20.23). Jesus estava dizendo: "O perdão dos pecados está em suas mãos". Como discípulos de Cristo, quando escolhemos compartilhar o Evangelho, ou não, estamos escolhendo oferecer perdão ou não. Para ser claro, o perdão foi comprado por Deus e é recebido quando uma alma perdida diz "sim" a Jesus (Jo 3.18,36), mas é somente a nós, os portadores do Evangelho, que Cristo deu tanto a autoridade quanto a responsabilidade de proclamar essa oferta de perdão.

Dito de modo mais franco, reter o Evangelho é como dizer a alguém: "Vá para o inferno!" Compartilhar o Evangelho é como dizer: "Creia no sacrifício de Cristo e seus pecados serão perdoados! Então, creia e vá para o céu!"

Paulo compreendeu a gravidade dessa responsabilidade. No final de seu ministério em Éfeso, ele foi capaz de dizer:

> *Porém em nada considero a vida preciosa para mim mesmo, contanto que complete a minha carreira e o ministério que recebi do Senhor Jesus para testemunhar o evangelho da graça de Deus. Agora, eu sei que todos vós, em cujo meio passei pregando o reino, não vereis mais o meu rosto. Portanto, eu vos protesto, no dia de hoje, que estou limpo do sangue de todos (At 20.24-26).*

Paulo finalizou seu ministério em Éfeso com a consciência tranquila, porque tinha testificado do Evangelho (v. 24). Este deve ser o objetivo de todos os ministros do Evangelho.

Em nosso país asiático, uma mulher idosa chamada Fátima foi atormentada pelo medo de sua morte iminente. Então, um dia, um voluntário usando o Q-3 compartilhou o Evangelho com ela. Fátima nunca o tinha ouvido antes, mas era o que ela estava procurando. Ela creu na mensagem e imediatamente recebeu Cristo. Fátima começou a bater palmas e a dizer: "Estou pronta para ir agora".

DESAFIO E LANÇAMENTO

Essa boa notícia do perdão em Cristo é a *fé que uma vez por todas foi entregue aos santos* (Jd 3b), ... *porque é o poder de Deus para a salvação de todo aquele que crê* (Rm 1.16). Este poder do Evangelho que fluía através da Igreja primitiva é a única razão de o Q-3 ser eficaz hoje. Ordenado por Deus, comprado por Cristo e ativado pelo Espírito Santo, a simples e atemporal boa notícia do Evangelho, apresentada através do Q-3, pode ser desencadeada em seu próprio ministério.

Os princípios e padrões do Q-3 não são novidade, mas são sempre novos. Modelados e ordenados por Cristo há vinte séculos, é um método e uma mensagem que fala ainda hoje a qualquer um, em qualquer lugar, a qualquer hora.

APÊNDICES

Apêndice A

Histórias de sacrifício no Antigo Testamento[33]

A HISTÓRIA DE CAIM E ABEL

Depois que foram banidos do Paraíso, Adão e Eva tiveram dois filhos, Caim e Abel. Caim se tornou agricultor, enquanto Abel se tornou pastor. Um dia, ambos trouxeram sacrifícios a Deus – Caim trouxe de seu campo, mas Abel sacrificou um animal de seu rebanho. Deus aceitou o sacrifício de Abel, mas não o de Caim. Caim ficou com ciúmes de seu irmão. Embora Deus o tenha advertido a se arrepender, em vez disso, ele matou Abel. Deus castigou Caim. Abel, por sua vez, foi justificado e herdou a vida eterna (Hb 11.4).[34]

A HISTÓRIA DE NOÉ

O mundo encheu-se de maldade. Somente Noé foi considerado por Deus um homem justo. Portanto, Deus decidiu destruir o mundo com um dilúvio. Somente Noé, sua família e alguns de cada tipo de animal seriam salvos.

Pela fé, Noé construiu uma arca em obediência ao mandamento de Deus, ainda que nunca antes houvesse chovido sobre a terra. Deus avisou Noé e sua família para que entrassem na arca juntamente com os animais, e, então, fechou a porta. Durante quarenta dias e noites uma inundação cobriu toda a terra, mas Deus protegeu a família de Noé na arca. No entanto, todas as pessoas e os animais que não tinham entrado na arca foram destruídos.

---

33 Na primeira visita de acompanhamento, recontamos a parte referente a Adão e Eva em "A primeira e última história de sacrifício" e acrescentamos a história de Caim e Abel a ela para formar uma história mais completa. É útil recontar a história de Adão e Eva durante a primeira visita de acompanhamento, pois torna-se a base para avançar com pessoas receptivas, uma vez que elas professem sua fé, para usar o Q-3.

34 O ponto a ser salientado na história de Caim e Abel é que Deus aceitou o sacrifício de sangue, mas rejeitou outros sacrifícios de nossa escolha.

Quando a água do dilúvio baixou, a arca veio a pousar no Monte Ararat. Naquele tempo, Noé construiu um altar e ofereceu um sacrifício de animais da arca. Embora Noé e sua família tenham sido poupados do julgamento temporário por terem entrado na arca, eles ainda precisavam de um substituto para seus pecados.[35] Quando Deus sentiu o aroma do sacrifício, prometeu que nunca mais iria destruir todos os seres vivos na terra, como havia feito. Deus deu um arco-íris como sinal de que ele nunca iria destruir toda a terra com um dilúvio novamente.

A HISTÓRIA DE ABRAÃO

Abraão viveu sua vida com fé e obediência. Deus prometeu a Abraão que ele seria o pai de muitas nações (Gn 17.4). Mas Abraão e sua esposa, Sara, envelheceram e ainda não tinham filhos. Mesmo assim, Deus, mais uma vez, prometeu a Abraão um filho por meio de sua esposa, Sara.

Mesmo que, por vezes, a fé de Abraão tenha vacilado, Deus deu a ele e a sua esposa um filho no final de suas vidas. E, em seguida, vários anos mais tarde, de forma inesperada, Deus disse a Abraão para sacrificar seu filho! Acreditando que Deus providenciaria um sacrifício, Abraão ofereceu seu filho em obediência ao que lhe foi dito. No entanto, quando ele estava prestes a matar seu filho, o anjo do SENHOR o impediu. Deus providenciou um carneiro para o sacrifício. Somente Deus pode providenciar um sacrifício adequado.[36]

A HISTÓRIA DE MOISÉS: A PÁSCOA

Os descendentes de Jacó, netos de Abraão, estabeleceram-se no Egito. À medida que cresciam em número eles foram escravizados pelos egípcios. Deus enviou Moisés a Faraó, rei do Egito, para exigir a libertação deles. Cada vez que Faraó rejeitava as exigências de Deus, ele enviava desastres como castigo sobre o Egito. Isso aconteceu dez vezes.

O último castigo era para Deus matar todos os primogênitos, inclusive do gado, em todo o país. Só havia uma maneira de evitar essa calamidade.

---

35 O ponto a ser salientado é que, apesar de Noé e sua família terem sido salvos do desastre temporário porque entraram na arca, mesmo assim ofereceram sacrifícios de animais para expiar sua dívida do pecado.

36 O ponto a ser salientado na história de Abraão é que Deus tanto exigiu um sacrifício vivo, quanto, em seguida, forneceu esse sacrifício.

Apêndice A - Histórias de sacrifício no Antigo Testamento   141

Somente aqueles que obedecessem às exigências de Deus seriam salvos. Ele ordenou que os filhos de Abraão sacrificassem um cordeiro sem defeito e colocassem seu sangue nos umbrais de suas portas.

Houve pranto por toda a terra do Egito quando os primogênitos e os primogênitos do gado de cada família morreram. Deus passou misericordiosamente sobre aqueles que haviam sacrificado um cordeiro, e eles foram salvos. Com este castigo final, Faraó permitiu que o povo saísse livre do Egito.[37]

A história de Moisés: a Lei

Depois de libertar os descendentes de Abraão da escravidão no Egito, Deus chamou Moisés para o topo do Monte Sinai. Lá, deu a Moisés a Lei. A Lei incluiu dez mandamentos primários, juntamente com centenas de outros mandamentos baseados nestes Dez Mandamentos.

O propósito da lei era que o povo de Deus vivesse uma vida santa, porque Deus é santo. As pessoas muitas vezes quebraram os Mandamentos, ao invés de obedecê-los. Julgamento sempre resultou da desobediência aos mandamentos de Deus.

O que as pessoas deviam fazer para obter perdão quando quebravam as leis de Deus? A própria Lei afirmava que os sacrifícios de sangue eram o preço para que os pecados fossem perdoados. Uma pessoa devia trazer um animal de sacrifício imaculado e colocar sua mão sobre a cabeça do animal, mostrando que o pecado da pessoa estava sendo transferido para o animal. O animal era morto em seguida, demonstrando que o salário do pecado é a morte. O sacerdote, então, espargia um pouco do sangue do animal sobre o altar e o pecado da pessoa seria expiado. Somente Deus pode determinar como os pecados são expiados, e ele instituiu o sacrifício de sangue como o caminho de expiação.[38]

---

37 O ponto óbvio da história da Páscoa é que o sangue do cordeiro expiou os pecados do povo.

38 O ponto a ser salientado nesta história é que a Lei de Deus prescreve sacrifício de sangue como necessário para a expiação dos pecados.

Apêndice B

Ilustrações para o Q-3

Aqui estão algumas breves ilustrações para você colocar em sua caixa de ferramentas que irão ajudá-lo a esclarecer alguns pontos do Q-3.

OS ESFORÇOS HUMANOS NÃO PODEM PERDOAR PECADOS

É útil no processo do Q-3 explicar que as pessoas, muitas vezes, tentam se tornar santas realizando boas obras, mas nunca conseguem chegar até a presença de Deus. Elas falham continuamente. Para ilustrar, eu levanto uma mão à altura dos olhos. Explico que Deus é santo e que tentamos nos tornar santos como Deus. Coloco minha outra mão à altura da cintura mostrando que, muitas vezes, realizamos boas obras ou tentamos fazer com que as práticas de adoração nos tornem santos. Conseguimos por um tempo, mas, depois, falhamos novamente. "Nós subimos, em seguida, caímos; subimos, em seguida, caímos. Nós sequer chegamos perto da presença de Deus. Estamos frustrados porque nosso esforço religioso nunca é suficiente para perdoar os nossos pecados".

O PECADO É COMO UMA DÍVIDA

Quando perguntamos à pessoa: "Quando os seus pecados serão perdoados?" na seção "Direcione para o estado de perdição", às vezes usamos a seguinte ilustração.

"Nosso pecado é como uma dívida. Cada vez que pecamos, nossa dívida fica maior. Quando tomamos dinheiro emprestado, sabemos mais ou menos quanto devemos e quando teremos que pagar. Da mesma maneira, tentamos saldar nossa dívida de pecado com as nossas boas ações. Se você continuar a pagar com a taxa que está pagando agora, quando é que os seus pecados serão perdoados?"

A propósito, a pessoa raramente dá uma resposta, mas admite não saber quando seus pecados serão pagos.

A ILUSTRAÇÃO DA MOTOCICLETA

Ao fazer o Q-3, às vezes ouvimos as pessoas dizerem: "Eu acho que Deus vai perdoar meus pecados porque ele é misericordioso". Mesmo depois de ouvir "A primeira e última história de sacrifício", ocasionalmente, eles ainda respondem desta maneira. Às vezes, Deus tem usado a seguinte ilustração para colocar a conversa de volta nos trilhos.

"Suponha que uma pessoa queira comprar uma motocicleta.[39] Ela geralmente faz um plano de pagamento no banco para pagar uma quantidade X a cada mês. Digamos que eu tenha comprado uma motocicleta desta maneira, mas quando chegou a hora de fazer o pagamento do primeiro mês, eu não tinha dinheiro suficiente. Então, tentei encontrar uma maneira de sair dessa situação. Juntei cinco galinhas que eu estava criando para alimentar minha família e as levei ao banco. Imagine entrar no banco com galinhas. As pessoas estão olhando para mim como se eu fosse estranho, e estou envergonhado. Finalmente, o caixa chama minha senha. Então eu me aproximo do balcão com minhas galinhas e as coloco sobre o balcão. Será que o banco vai aceitar minhas galinhas como pagamento pela motocicleta? Claro que não, o banqueiro vai rir, certo? Por quê? Porque o acordo para o pagamento era dinheiro, não galinhas. É assim com Deus também. Deus fez um acordo com a humanidade que o pecado só pode ser pago por meio do derramamento de sangue. E Jesus derramou seu sangue como a maneira final e única para que os pecados das pessoas sejam perdoados".

NÃO HÁ PESSOAS ORGULHOSAS NO CÉU

Quando testemunhar a muçulmanos, dois cenários ocorrem frequentemente. Às vezes, eles propõem que, se pudéssemos saber que os nossos pecados já foram perdoados, então poderíamos pecar intencionalmente

---

39 Motocicletas são os veículos mais comuns em meu país. Adapte a ilustração para o seu próprio contexto substituindo por carro, caminhão, bicicleta ou o que quer que seja comum em sua comunidade.

após a conversão. Além disso, eles podem persistir em dizer que entrarão no céu por causa de suas boas obras. Neste cenário, a ilustração a seguir tem sido útil. Ela afirma o princípio de Romanos 4.2, pelo qual, se pudéssemos ser justificados por nossas obras, nós nos tornaríamos orgulhosos de nossa própria realização, em vez de ser a obra de Cristo em nosso favor.

Vamos supor que eu seja uma boa pessoa e tenha entrado no céu por causa das minhas obras. Eu provavelmente seria orgulhoso, não seria? É assim que as pessoas são. Quando obtemos sucesso por nossas capacidades, tornamo-nos orgulhosos e nos vangloriamos. No entanto, não há pessoas orgulhosas no céu, há? Na verdade, só há uma pessoa no céu que pode se orgulhar, e essa pessoa é Deus, porque ele criou uma maneira de nossos pecados serem perdoados. No céu, aqueles que receberam Jesus serão humildes, porque nos damos conta de que estamos lá por causa do sacrifício de Cristo, não por nossas boas obras.

A ILUSTRAÇÃO DA CARNE DE PORCO[40]

Uma ilustração que alguns praticantes do Q-3 têm usado de maneira eficaz com os muçulmanos é a ilustração da carne de porco. O objetivo é mostrar que todos os homens são pecadores, e não importa o quão grandes ou pequenos seus pecados sejam, todos nós estamos separados de Deus. A ilustração é assim:

Tanto as Leis mosaicas quanto as Leis islâmicas proíbem comer carne de porco. "Vamos supor que eu lhe ofereça uma tigela de carne de porco cozida. Você está autorizado a comê-la ou não?" Um muçulmano irá, naturalmente, responder: "Não, eu não estou autorizado a comê-la".

"Suponha que eu coloque apenas um pedacinho de carne de porco em uma tigela. Então eu a cubro com arroz e legumes para que ela não seja mais visível. Você tem permissão para comer o que está nessa tigela?" Um muçulmano vai responder corretamente que ele também não deve comer o que está dentro dessa tigela. Então, pergunte: "Qual tigela de comida você vai escolher para comer?" O ouvinte pode se debater com a ideia, mas vai concluir que nenhuma tigela de comida contendo carne de porco pode ser comida.

---

40   Esta ilustração veio de um colega que está levando outro movimento de muçulmanos a Cristo.

Neste momento, a testemunha apresenta o cenário de dois pecadores, um com pecados óbvios, como assassinato e adultério, e outro com pecados escondidos, menos óbvios. Qual pessoa Deus vai receber no céu após a morte? A resposta é que nenhum deles será recebido, porque ambos são pecadores e Deus é santo.

O Seminário e Instituto Bíblico Maranata

é uma instituição evangélica de ensino teológico fundamentada nas Escrituras Sagradas. Tem como objetivo treinar obreiros visando a expansão do Reino de Deus.

Há mais de 65 anos estamos promovendo a divulgação da cosmovisão cristã em nossa sociedade, a fim de que a Glória de Deus alcance os confins da terra. Oferecemos aos nossos alunos uma forte ênfase na exegese bíblica e uma vida de intimidade com Cristo.

O SIBIMA almeja ser um polo de treinamento para capacitar pessoas a alcançar muçulmanos com o Evangelho de Jesus Cristo. Percebemos que é chegada a hora para o Brasil ser um canal de bênção para os povos islâmicos, dentro e fora de nossa nação.

O Centro de Estudos Islâmicos

é uma inciativa fruto da parceria entre o SIBIMA e a Grace Bible Church. Temos como objetivos:

- Proporcionar cursos semestrais para aqueles que pretendem ministrar no mundo islâmico.

- Oferecer conferências visando despertamento para a obra de evangelização entre muçulmanos.

- Disponibilizar um acervo literário para fomentar o estudo dos povos islâmicos.

Fortaleza, Ceará
Fone: (85) 3231-9139
cei@sibima.com.br | www.cei.sibima.com.br | www.sibima.org

Leia também:

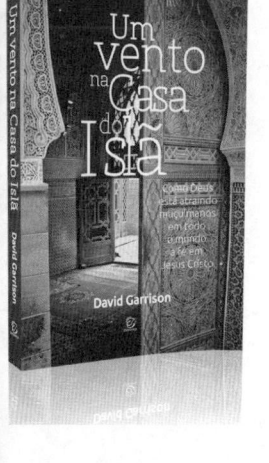

Um vento na Casa do Islã

Como Deus está atraindo muçulmanos em todo o mundo à fé em Jesus Cristo

David Garrison

Existem nove cômodos na casa do Islã e um vento está soprando através de cada um deles.

Em suas viagens, visitando movimentos em cada um dos Nove Cômodos da Casa do Islã, David Garrison perguntou a mil seguidores de Cristo de origem muçulmana: "O que Deus fez para trazê-lo à fé em Cristo? Conte-me sua história".

David Garrison, PhD na Universidade de Chicago, tem estudado o islã e a atuação de Deus entre os muçulmanos desde seu tempo como estudante de árabe no Egito há duas décadas. É autor e editor de nove outros livros sobre a forma como Deus tem atuado entre as pessoas menos alcançadas do mundo.

> A expressão "sem precedentes" dificilmente começa a expressar os eventos históricos que agora acontecem no mundo muçulmano. Até recentemente, os muçulmanos abraçavam a fé cristã uma pessoa de cada vez. Mas, desde 2000, os muçulmanos começaram a vir a Cristo em movimentos. O extraordinário livro de David Garrison dá esperança à próxima geração de missionários cristãos de que seu trabalho na seara não será em vão.
>
> *Dr. Robert A. Blincoe – Diretor EUA, Frontiers*

MOVIMENTOS MIRACULOSOS

Muçulmanos que amam Jesus

Jerry Trousdale

Movimentos miraculosos estão varrendo algumas partes do mundo muçulmano hoje. O Espírito de Deus está se movendo de maneira poderosa, de uma forma que cremos não haver precedentes, pois centenas de milhares de muçulmanos estão entregando suas vidas ao senhorio de Jesus Cristo.

Antigos sheiks e imãs, homens que colocaram bombas em igrejas cristãs e perseguiram impiedosamente os seguidores de Cristo, bem como homens e mulheres comuns que observaram os ensinos do Islã a vida inteira – esses e muitos outros estão encontrando a verdade da vida eterna através de Jesus Cristo e o número aumenta a cada dia. Muitos desses muçulmanos chegam à Palavra de Deus por meios dramáticos, através de sonhos e visões ou por testemunharem milagres, pois homens e mulheres estão sendo curados de deficiências físicas e vícios; bandos de rebeldes empedernidos têm, voluntariamente, abandonado suas armas e milhares têm visto o poder doEspírito de Deus em suas vidas.

Este livro traz algumas dessas histórias mostrando que o que Deus está fazendo entre os muçulmanos hoje realmente não tem precedentes.

Compartilhando Jesus com os muçulmanos

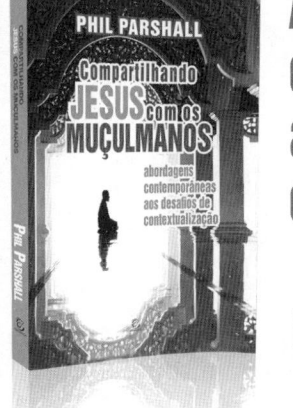

Abordagens contemporâneas aos desafios de contextualização

PHIL PARSHALL

Dr. Parshall desafia a igreja a olhar com olhos críticos para o assunto da evangelização de muçulmanos. Devemos abandonar antigas pressuposições e nos conscientizar de que Deus está falando de uma nova maneira – não em relação à sua Palavra imutável – mas em relação a áreas da contextualização e metodologia.

> Este é um momento muito importante no mundo islâmico. Mais do que nunca antes na história, muçulmanos estão vindo a Cristo. E os brasileiros já estão produzindo um impacto nessa seara. Eu tive o privilégio de ministrar ao lado de muitos latinos que são ao mesmo tempo zelosos e eficazes no evangelismo de muçulmanos. Mas há mais para ser feito.
>
> Minha esperança é que este livro o ajude a se familiarizar com as muitas questões relacionadas à contextualização. E que, como eu, você seja conduzido pelo Senhor a investir sua vida para ganhar muçulmanos para Cristo.
>
> Phil Parshall

Sobre o livro:
Formato: 16 x 23
Tipo e tamanho: Cambria 11/15
Papel: Capa - Cartão 250 g/m2
Miolo - Norbrite Cream 66,6 g/m2
Impressão e acabamento: Gráfica Exklusiva